塔湖·書
TOWER LAKE BOOK

为英雄正名

英雄，民族的精神脊梁

赵锋 著

山西出版传媒集团 山西教育出版社

图书在版编目（CIP）数据

为英雄正名 / 赵锋著. —太原 ：山西教育出版社，2016. 11（2022. 6 重印）
ISBN 978-7-5440-8704-9

Ⅰ. ①为… Ⅱ. ①赵… Ⅲ. ①革命烈士—生平事迹—中国②友好往来—外国人—生平事迹—中国—现代 Ⅳ. ①K827=6②K812. 5

中国版本图书馆 CIP 数据核字（2016）第 194809 号

WEI YINGXIONG ZHENGMING
为英雄正名
赵 锋 著

出 版 人 雷俊林
选题策划 雷俊林 孙 铁
责任编辑 樊丽娜
排版统筹 许艳秋
装帧设计 左左工作室

出版发行 山西出版传媒集团 · 山西教育出版社
（太原市水西门街馒头巷 7 号 邮编 030002）
印 装 北京一鑫印务有限责任公司
开 本 787×960 1/16
印 张 17
字 数 160 千字
版 次 2016 年 11 月第 1 版 2022 年 6 月第 8 次印刷
书 号 ISBN 978-7-5440-8704-9
定 价 48. 00 元

目录

前　言

中华民族英雄辈出，特别是在革命战争年代，涌现出了刘胡兰、董存瑞、邱少云、黄继光等一大批革命烈士，还有无数的无名英雄。他们为了中国人民的解放事业，为了共产主义的伟大理想，抛头颅，洒热血，前赴后继，用自己的鲜血和生命换来今天的幸福生活。他们是中华民族的英雄，更是中华民族的骄傲。

然而，在现实生活中，恶搞、丑化甚至亵渎英雄的现象时有发生。类似“黄继光是摔倒了才堵枪眼的”“刘胡兰勇敢地站出来是因为乡亲们都后退了一步”“邱少云被火烧违背生理学常识”等，这类亵渎英雄的“段子”在网络上屡见不鲜，流传一时。

更有甚者，一段时期以来，一些别有用心的人利用我国相对宽松的舆论环境，不时发出与主流价值观极不协调的声音。其中一个重要表现就是丑化领袖，颠覆英雄，歪曲历史，抹黑崇高。其目的也很明确，那就是企图诋毁我党的历史，“分化”“西化”我们的国家；企图让社会大众放弃思想和精神的最后防线、放弃我们曾经坚守的信仰和真理、放弃我们对英雄人物的敬仰，从而陷入对自身的怀疑、失望、恐惧和自卑当中。

“一个没有英雄的民族是不幸的，一个有英雄却不知敬重爱惜的民族是不可救药的。”这是郁达夫当年在纪念鲁迅先生大会上讲过的话，至今读来依然振聋发聩。

英雄是一个民族的灵魂防线，英雄是一个民族的精神脊梁，不懂历史的民族没有根，淡忘英雄的民族没有魂。我们绝不能容忍诋毁英雄的丑行愈演愈烈，绝不能让质疑英雄的情绪泛滥成灾。

因此，本书选取了黄继光、邱少云、罗盛教、杨根思、向警予、赵一曼、江姐、刘胡兰、狼牙山五壮士等英雄人物、革命烈士和在中国革命和抗战的艰苦岁月中，毅然来到中国并作出重大贡献的斯诺、白求恩、史沫特莱、柯棣华等国际友人，以及张思德式以身殉职的英雄和在和平年代舍己为人的雷锋、欧阳海、王杰，以他们的英雄形象为蓝本，查阅了大量的档案资料、回忆录等，聆听亲历者口述，并借助国家博物馆对于这些英雄人物丰富的馆藏文物及图片资料，重新回忆和记录这些人物的人生历程、英雄事迹和卓著功勋。

以物证史，以史树德。重新树立和捍卫我们的英雄形象，消除坊间的流言蜚语，打击各方面敌对势力的险恶用心。让我们永远和英雄在一起，捍卫民族的历史，守望国家的未来！

第一章

抗美援朝四烈士

黄继光、邱少云、罗盛教、杨根思

1950年6月27日，美国出兵侵略朝鲜，并派第七舰队开进台湾海峡。10月1日，美军越过三八线，随后占领平壤，企图迅速占领整个朝鲜，面对美军对中国东北近邻的入侵和对我国安全的威胁，中共中央作出出兵朝鲜的重大战略决策。10月8日，毛泽东发出《给中国人民志愿军的命令》，说明了中国出兵朝鲜的性质、目的、意义以及对取得胜利的信心。随后，举国上下兴起了轰轰烈烈的“抗美援朝，保家卫国”运动。“抗美援朝，保家卫国”也成为20世纪50年代前期中国最为流行的口号之一。

在整个抗美援朝过程中，志愿军先后涌现出杨根思、黄继光、邱少云等三十多万名英雄和近六千个英雄集体，以及罗盛教这样光彩照人的国际主义战士。但也有更多的无名英雄在战争中壮烈牺牲，长眠于异国他乡，很多烈士甚至没有留下一张照片。今天，我们已经无从知道他们的名字和形象，但我们知道他们拥有一个共同的名字——最可爱的人。

让我们重读和正视抗美援朝四烈士的英雄事迹，来缅怀这些最可爱的人。

血肉作干城——黄继光

位于朝鲜三八线以北约 30 公里的五圣山，雄伟奇峭，坡崖陡立，草深林密，岩石突兀，满山红松。六十多年前，这里曾发生过一次人类战争史上罕见的惨烈战斗。而在今日，在丛林深处，竖立着一块石质纪念碑，用以纪念在这里壮烈牺牲的一位英雄人物，碑上镌刻着——“中国人民志愿军马特洛索夫式二级战斗英雄黄继光同志以身殉国永垂不朽”（笔者注：此纪念碑竖立时，黄继光被授为“二级战斗英雄”，后来才被追授“特级英雄”，故碑上刻为“二级”）。马特洛索夫是苏联卫国战争时期的一名普通的红军战士，他在一次重要的战役中用自己的身体堵住了敌人的枪眼，用年轻的生命换取了整个战役的胜利。而中国的年轻战士黄继光，也以同样的壮举，为了抗美援朝的崇高事业，将自己的血肉之躯永远地留在了这片热土上。

苦难童年

1931 年 1 月 8 日，黄继光出生在四川省中江县一个叫发财垭的小山村。发财垭村是个山清水秀的地方，村周围青山环绕，山上松柏、毛竹繁茂，山涧里溪水清澈。黄继光一家世代为农，家境贫寒，受尽地主阶级的压迫。黄继光的父母亲为人善良，吃苦

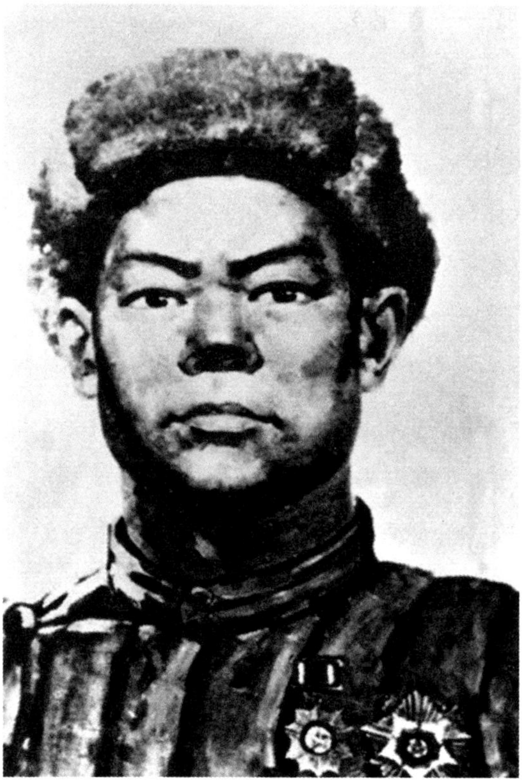

黄继光画像。黄继光生前没有照片，此为画家后来根据黄继光的母亲邓芳芝的描述为英雄作的画像。

黄继光牺牲所在地堡上的横木

耐劳，起早贪黑地耕种着家里的几亩地。黄继光的父亲对农田技艺样样精通，家里每年的收成也不少，而且他晾晒粉条的手艺非常高超,所晾晒的粉条又细又白,方圆几十里都出了名。但尽管如此，一年辛苦下来，交租交税之后，也只能剩下几斗粮食，一家人吃了上顿没下顿。无奈之下，父亲只好向本村地主李积成借了一担油，想炸米糕卖点钱来维持生计。借一担油，说好春天还一担半，秋天还三担。可是，没想到生意做砸了，没赚到一个铜板。父亲只好又去给地主家扛活儿，同时还得种自家的地。由于过度疲劳，不久他就病倒了。

一天，地主李积成上门来要账，黄继光的父亲正躺在床上吃药，哪里有钱还账。账还不上，李积成就派人抓走了黄继光的父

우리 조국의 산천에서의
잔해는
그대들의
영원히 남으리라!
-황순봉-

1952年10月19日，黄继光在朝鲜上甘岭地区597.9高地上英勇牺牲。战后，朝鲜人民军五军团为了纪念人民英雄黄继光，用黄继光牺牲阵地上的一棵树的树枝制作了纪念品赠给320部队。

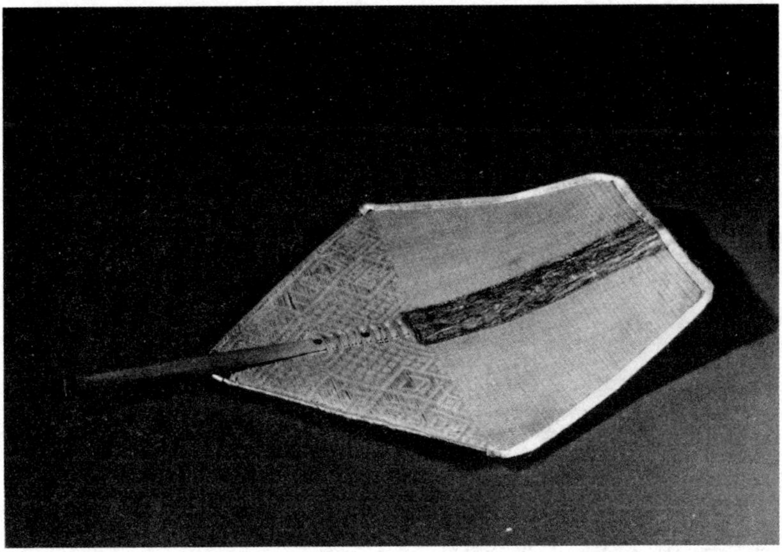

黄继光的妈妈邓芳芝送给周恩来自己编织的竹扇，竹扇的背面编织有“周总理存”“邓芳芝赠”等字样。

亲，还喊来几个地痞流氓，在继光家里又吃又喝，还抽起了鸦片。家里人没有办法，只好用仅剩的三亩好地抵了债。父亲被关了七天，病上加气，回来后就卧床不起，不久，便离开了人世。

父亲去世之时，黄继光只有 11 岁，此时的他还没有家里的灶台高，就被迫顶替父亲的差事，给地主家去当长工。自那时起，他便无时无刻不盼望着有一天穷人也能过上好日子，穷苦人不再受地主老财的鞭打。

1951 年春天，已经解放了的天府之国——四川，处处显现出一派勃勃生机的景象，勤劳的人们正在为家乡绘制着最美的图画。然而，在祖国东北边陲的那一边，朝鲜半岛的上空却笼罩着战争的阴云，中国人民志愿军被迫跨过了鸭绿江赴朝参战，和平宁静的生活被打破了。

1951 年 3 月，中江县征集志愿军新兵，黄继光得知这一消息，第一个前往报名，但因为他身材矮小，一开始就被征兵干部拒绝了。但黄继光并没有放弃，在“抗美援朝，保家卫国”的强大精神感召下，黄继光几次三番，软磨硬泡，最终打动了部队，被批准成为一名中国人民志愿军的战士。

普通一兵

黄继光从入伍第二天起，就开始认真学习步枪、自动步枪、冲锋枪、火箭筒、六零迫击炮等各种武器的使用方法，积极参加训练。由于他能吃苦，脑子灵光，一学就会，身体素质又出众，连长万福来非常喜欢这个表现突出的新兵。他把黄继光看作“一块好钢”，想要重点“打磨”，于是便安排黄继光担任了自己的通讯员。

在基层连队里，能被连长挑选出来当通讯员的，都是战士中的佼佼者。据同黄继光一起入伍、出生入死的亲密战友李继德后来回忆说，新兵训练结束后配发武器，班里仅有的两支冲锋枪便发给了他和黄继光。那是当时部队里最先进的单兵武器，只配给最出色的战士。

1951 年 7 月 1 日夜，黄继光跟随部队跨过鸭绿江，到达朝鲜前线，部队首先接受的任务就是挖坑道、筑工事，黄继光表现得非常出色，不仅总是提前完成自己的规定任务，还时时帮助其他战友完成任务。除此之外，作为一名通讯员，他还肩负着两大艰巨任务：一是保障首长的安全，二是在战斗中传送各种作战命令。其间，敌军对我军的电台、电话等通讯严密封锁。因此，我军大量的作战命令，就要靠通讯员穿越枪林弹雨去亲口传达，常常是九死一生。而黄继光却多次出色地完成了这样的任务，并因此而获得了他个人军旅生涯的第一次三等功。

1952 年 8 月，上甘岭战役打响的前夕，师电影队到基层连队慰问演出，播放了苏联电影《普通一兵》。电影讲述的是苏联卫国战争时期，红军战士马特洛索夫为了部队取得胜利，用身体堵住敌人从碉堡里射出的子弹，壮烈献身的故事。

看完电影在回营部的路上，李继德与黄继光一起交流观后感，李继德感慨地说："这个人真勇敢，是真正的英雄。"黄继光接道："一个人死能救那么多人，能打胜仗，要是搁着我，我也这么干！"

未曾想，没过多久，黄继光便用实际行动践行了自己对英雄的崇敬和对人民的热爱——他成了中国的马特洛索夫。

黄继光雕像

舍身堵枪眼的“特级英雄”黄继光

只身堵枪眼

1952 年 10 月 19 日，上甘岭反击战即将开始，上级决定由六连进行突击。参谋长张广生召开了六连全连大会。坑道里摆着一个大沙盘，沙盘中央是一个标高 597.9 的高地。这是一个被敌人占领了的战略要地，它的周围是标有“6”“5”“4”“0”等数字的小山包。在最后反击的 0 号阵地前，六连将士碰上了最难啃的硬茬子。敌人的三个地堡接连喷出火舌，密集的弹雨把六连死死地摁在了地上，抬不起头来。

张广生和万福来决定将剩余的九名战士编为三个爆破小组，对三个地堡实施强行爆破。

第一组冲上去，倒下了，第二组立即跟上，紧接着是第三组……很快，九名战士全部牺牲。攻击线距离地堡近在咫尺，却像一道不可逾越的鸿沟，吞噬着一个又一个战士的生命。

万福来急眼了。他和指导员冯玉庆一起向张广生请战，准备亲自去实施爆破。就在此时，在他们身后隐蔽的黄继光爬了过来，坚决地说道：“参谋长，让我上吧！”六连通讯员肖登良和吴三羊也随之过来主动请战。参谋长沉思片刻，当即任命黄继光为六班班长，带领肖、吴二人去执行最后的爆破任务。三人在密不透风的枪林弹雨中，默契配合，交替掩护前进，机智勇敢地连续摧毁了敌人的几个火力点。然而，负责掩护的吴三羊不幸中弹牺牲，紧接着肖登良和黄继光二人也在扔完最后一颗手雷后，相继在敌人密集的弹雨中倒下了。

此时，人们都以为黄继光三人所担负的对最后一个地堡的爆破任务失败了，万福来、冯玉庆等人已经开始准备孤注一掷，自己上阵。忽然，在敌人的照明弹和爆炸火光的照耀之下，地堡旁伏在地上的一个身影忽然动了一下，继续向前蠕动爬行。

“那是黄继光，他还活着！”万福来激动地叫起来。

此时的黄继光手中已经没有手雷了，但他依然向着地堡坚决、缓慢地前进着。他爬到地堡一侧的射击死角，用力支起上身，侧转过来向坡下的战友们招了招手，张嘴似乎喊了什么。

没有人能听得到黄继光的喊声，但冯玉庆似乎一下子意识到了黄继光那个手势的含义，扭头向身后的张广生、万福来喊道：“快，黄继光要堵枪眼！”

话音未落，黄继光已将自己微微尚存的最后一丝气力，化作了气壮山河的壮举：他张开双臂，如大鹏展翅，扑向了那个正在喷射火舌的机枪枪眼，用并不宽阔的胸膛，严严实实地堵在了射击孔上。敌人机枪狂暴的射击声骤然变了调，闷闷地响了几声后便彻底哑了。万福来等人就在这一瞬间跳出掩体，几步冲到黄继光身旁，把所有的子弹都狂射进了地堡……

此时的黄继光趴在地堡上，两手还紧紧地抠着麻包。敌人的子弹穿透了他的胸腹，血肉模糊，背肌被子弹打飞了，留下一个碗口大的窟窿。脊骨裸露出来，依然保持着挺立的姿势。

英雄不容抹黑

战斗结束后，因上报材料过于简单，黄继光最初被授予“二级战斗英雄”。1953 年 4 月，志愿军总部决定，追记黄继光特等功一次，授予“特级英雄”称号。时至今日，在中国人民解放军序列中，获得过这一殊荣的只有杨根思和黄继光两人。

中朝两国战士在五圣山主峰背后一块高大的石壁上，刻下了黄继光的名字。如今，上甘岭战役留在阵地上唯一的有形纪念物就是黄继光烈士用胸膛堵过的地堡枪眼，在它的周围，则盛开着美丽的金达莱。

其后不久，四川省人民政府发布政令，将黄继光的故乡中江县石马乡改名为“继光乡”。

1953 年至 1963 年的十年间，毛泽东主席曾多次接见黄继光的妈妈邓芳芝，还请邓芝芳到中南海自己家中做客，表达了对英雄的敬意。邓芳芝后来写信给毛主席，“光儿光荣牺牲之后……大家亲切地喊我‘黄妈妈’。大家都说愿做我的儿女，请我到他们工厂、机关、学校、乡村去耍……”

然而，就是这样一位为祖国、为朝鲜人民捐躯的英雄，在今天，却不时被“黄继光堵枪眼真实性”的网络杂音所质疑。有些“说法”看上去好像还头头是道：子弹可以打穿人体，机枪可以把人体打碎、打飞，所以黄继光的事迹是不可能出现的，“黄继光堵枪眼之说是为鼓舞士气编造的”。

对于这种抹杀甚至诋毁英雄事迹的说法，众多有识之士纷纷给予批驳和回击：黄继光堵枪眼的意义不在于挡住子弹，而是挡住地堡中敌人的视野和射界。即使子弹能够打穿黄继光的身体，也只能是“瞎打”。黄继光用自己的身体为战友赢得了冲锋的时间和空间。

而且，当年曾与黄继光并肩作战并目睹黄继光壮举的许多战友：黄继光的生死兄弟李继德、营参谋长张广生、连长万福来、指导员冯玉庆、一起炸地堡的肖登良等人，纷纷讲述当年战场上的真实经历，以此捍卫黄继光的英雄形象。

黄继光的战友肖登良在其后几十年的时间里，一共做过 200 多场讲述黄继光堵枪眼的报告。他的女儿肖冬梅说：“黄继光堵枪眼时，父亲离他只有十来米。父亲常说，我亲眼看见战友牺牲，英雄就是英雄，不允许任何人抹黑我的战友！”

邱少云

烈焰中永生——邱少云

抗美援朝战争期间，在我们志愿军的队伍里，有一位青年战士，他的名字叫邱少云。就像部队里许多普通的战士一样，邱少云在日常的表现中，看起来也很平凡，然而，正是在这平凡之中，邱少云展示了一个英雄的伟大品格。战友们常常会注意到，在长途跋涉的行军途中，小个子的邱少云，背上经常扛着两个背包；到达宿营地后，邱少云常常一声不吭地烧好洗脚水，端到同志们跟前，甚至悄悄地将自己的袜子放在被磨破了脚的同志的床上；看到战友的烟荷包空了时，邱少云会将自己节省下来的烟丝默默地塞进他的手中……

这一切，邱少云做得是那么平常而自然。他从来不多言语，好像唯恐别人知道这些事是他做的似的。战友们都很喜欢这个沉默寡言的伙伴，却很少和他开玩笑。从他那一双大眼睛里，流露出一种严肃而略带忧郁的神情。大家都小心地不去触动这个年轻人内心深处的创痛，也很少有人问起他过去的痛苦遭遇。只是隐约地知道：邱少云出生于重庆市铜梁县玉屏村邱家沟，从小失去父母，孤苦无依，13 岁时就开始了雇工生活，之后又被国民党抓去当壮丁，遭受过无情的虐待和折磨。这次来到朝鲜，目睹美帝国主义和李承晚匪帮对朝鲜人民的暴行，眼看着大片的工厂、学校、

中国人民志愿军一级英雄、特等功臣邱少云烈士用过的竹筷

民房在“联合国军”的狂轰滥炸下变成废墟，众多朝鲜儿童正遭受着与自己童年时同样的命运……这一切激起了邱少云对帝国主义和反动派的刻骨仇恨，激发了他打击侵略者和保护朝鲜人民的责任感和使命感。

为了表明自己的决心，他向所在部队的党组织递上了一份入党申请书，上面写着两句铮铮誓言：“为了世界革命，为了战斗的胜利，愿意献出自己的一切！”

血洒上甘岭

1952年10月，邱少云所在连队接受了一项光荣而艰巨的任务，就是攻下位于平康和金化之间的391高地。这一战略要地一直被李承晚军控制着，距离我军阵地非常近，它像一颗毒牙，楔入我军阵地。邱少云所在连队的任务就是拔掉这颗毒牙，将战线向南推进。

然而，从志愿军阵地到391高地之间，有一大片开阔地，这是敌人的重点炮火封锁区，上面布置了一个加强连的兵力，防御工事不仅修筑得非常坚固，火力配备也是相当精良。要想在这样长距离的炮火下攻占高地，困难和危险可想而知。因此，为了避免白天正面进攻给我军造成太大的伤亡，部队领导经过仔细侦察和精心策划，决定让部队于10月11日晚上潜伏到391高地最前沿的茅草丛中，待次日发起总攻，出奇制胜。

为了确保这一偷袭计划能够一举成功，在部队出发之前，团政委王亮池作了战前总动员，并严肃强调了战斗纪律。王政委要求，在上级没有发布总攻命令的情况下，每个战士无论如何也不能暴露目标，就是敌人踩在你的身上也不能动，更不能开枪，否则就会打乱整个战斗计划。

一切准备工作就绪后，500多名战士于10月11日深夜悄然潜伏进入391高地最前沿的茅草丛中，每个人从头到脚都插上了蒿草，风一吹，人身上的草和地上的草同时摇动，看不出一点儿伪装的痕迹。邱少云和他所在的那个排，就在高地东边的一条长满蒿草的土坎旁边隐蔽着。

十月的朝鲜之夜，天气格外寒冷，而且在草丛之中，蚂蚁、蛐蜒到处乱窜。坚强的志愿军战士们，顶着逼人的寒气与蚊虫叮咬，无声地潜伏在草丛中，每一个战士都像一颗钉子一样，一动不动地牢牢揳在草地上。

黎明时分，天微微发亮，战士们此时可以清晰地看到敌人工事的轮廓和敌人哨兵游移的身影，就连阵地上方敌人的说话声、咳嗽声都听得十分清楚。由于志愿军连日来的不断袭扰，敌人也是胆战心惊，如临大敌。一挺挺机枪从地堡的射击口直对着山下，持枪的敌人在山上的战壕里来回走动，并用望远镜不断朝山下瞭望。他们还不时地向山下的草丛中开枪打炮，以试探有没有埋伏，这一举动时时威胁着志愿军战士的生命安全。

在上午10点钟左右的时候，一个意外情况发生了：敌军的一个班突然钻出了地堡，径直朝邱少云和他的战友潜伏的方向窜来。

邱少云和战友们的心一下子提到了嗓子眼，因为一旦被敌人发现，就避免不了一场战斗，那样，即使消灭了这伙敌人，也无疑会暴露自己，潜伏计划也将会宣告失败。情急之中，大家通过眼神互相示意：不能冲动，继续潜伏好，静观其变。敌人越来越近了，果然，有两名志愿军战士被敌人发现，敌人受到惊吓，慌乱地朝草丛中扫了一通子弹，然后扭头就向山顶上逃去。

在此危急时刻，要是让敌人活着回去，潜伏的秘密就完全暴露了，后果可想而知。好在后方的指挥员早已注意到了这一切，随即下达命令：用远程炮火阻击消灭这股敌人！顿时，炮声隆隆，在391高地的山坡上，筑起了一道火墙，截断了逃跑敌人的退路，一个班的敌人全部被消灭在山腰之中。

山上的敌人被这突如其来的炮火吓得胆战心惊，龟缩在碉堡里，不敢再轻易派人下山巡视了，但是，试探性的炮火依然不断地向山下发射。下午3时左右，狡猾的敌人突然变换了侦察方式，他们开始向山下的茅草丛中打燃烧弹。顷刻之间，干枯的茅草一片一片地被燃烧弹引燃，随即冒出滚滚的浓烟。战士们被大火烤得眼泪直流，被烈焰熏得嗓子眼发干，但他们继续坚定、沉着地潜伏在草地里，一动不动。然而，就在此时，不幸的事情发生了：一串飞迸的燃烧液溅到邱少云左腿的伪装草上。一瞬间，大火迅速在邱少云周边和身上燃起，干燥的茅草被大火烧得噼噼啪啪作响，火苗借助无情的秋风，宛如窜腾的毒蛇在邱少云身上游来移

1953年2月24日晚，黄继光、孙占元、邱少云三位烈士的灵柩从朝鲜运送回祖国，准备葬于沈阳烈士陵园。3月6日上午，追悼大会开始，沈阳市各界人民代表两万余人齐集广场，沉痛缅怀英烈。图为追悼大会后，成群结队的群众护送三位烈士的灵柩前往烈士陵园安葬。

去，不大一会儿，邱少云的棉衣和头上的伪装帽都爬满了火苗。此时，三班副班长李元兴和战友甄文禄等人就潜伏在邱少云身后不远处，对这一切看得一清二楚，他们着实为这位年轻的战友揪着心，心疼他所受的伤痛，同时也害怕这位年轻的战友忍受不了烈火焚身的剧痛而暴露目标。然而，邱少云就像一块千斤巨石，伏在那里，一动不动！

就在邱少云潜伏位置的不远处就是一条小水沟，他只要后退几步，在水里打个滚，就可以扑灭身上的大火。然而邱少云没有那样做，为了战友们的安全，为了整个战斗的胜利，他没有喊叫一声，甚至连身子也没有晃动一下。他强忍着烈火焚烧的剧痛，将自己的双手深深地插进滚烫的泥土里，直到最后牺牲，也没有发出一声呻吟！

战友们眼看着烈火吞噬着自己的战友，急得咬破了嘴唇，几次想站起来，帮助邱少云扑灭身上的烈火。可是在这个节骨眼上，只要有人动一下，整个班，整个潜伏的部队，整个反击计划就全都完了，想要取得的胜利就会丢失。“在任何情况下都不能暴露目标”，这是铁的纪律，所以，他们只能怀着对敌人的刻骨仇恨，强压着满腔怒火，等待着总攻时刻的到来。

终于，下午 5 时 30 分，志愿军部队向 391 高地进攻的号角吹响了，战士们怀着满腔复仇的怒火，以排山倒海之势向敌人扑去，他们在呐喊：“为邱少云同志报仇！”不到半个小时的时间，就一举攻下了 391 高地，将负隅顽抗的敌人全部歼灭。随着两颗红色信号弹腾空而起，391 高地上空飘扬起我军胜利的旗帜。

不可思议的军人“生理学”

战后，为了表彰邱少云崇高的集体主义精神和顽强的革命意志，军党委根据他生前意愿，追认他为中国共产党党员，并追授“模范青年团员”称号。

1952年11月6日，中国人民志愿军领导机关给邱少云追记特等功，并于1953年6月1日，追授他“中国人民志愿军一级英雄”称号。同年6月25日，朝鲜民主主义人民共和国最高人民会议常任委员会授予邱少云“朝鲜民主主义人民共和国英雄”称号，同时授予他“金星奖章”“一级国旗勋章”。

中国人民赴朝慰问团文艺工作团在赠给特等功臣邱少云烈士的锦旗上写着——“献给中国人民志愿军伟大战士邱少云永垂不朽”。

志愿军第十五军全体指战员献给邱少云烈士家属的锦旗上写着——“祖国人民的光荣”。

四川省人民政府和四川省抗美援朝分会给邱少云烈士家属的锦旗上写着——“光荣之家”。

四川省军区司令部、政治部给邱少云烈士家属的锦旗上写着“伟大人民的战士，英雄不朽的功绩”。

2009年9月14日，邱少云被评为“100位新中国成立以来感动中国人物”之一。

然而，对于这样一位国家和人民早已熟知并且非常尊敬的英雄人物，近些年一些别有用心的人却在网络上发出不和谐的声音，质疑邱少云的英雄事迹是违背“生理学”的。他们的理由是：为什么在被火烧的情况下，邱少云能够做到趴着不动，而自己被烧痛一点就会跳起来；还有人恶意假借所谓专家的口吻，从“科学”的角度解释人体对疼痛的“承受极限”，称邱少云的行为是完全不可能的。其实，这种有意无意的质疑之声和所谓的“科学”论证，只是经过某些人主观选择的“科学”，而不是对所有人都绝对适用的“科学”，其中完全没有考虑我们的志愿军战士在崇高信仰的支持下所爆发出来的顽强意志力。

对于今人所谓的“质疑之声”，其实早在抗美援朝战争中，拥有精良武器装备却往往吃败仗的美军就已经给出了答案！他们常常对志愿军战士英勇无惧的行为感到惊讶和疑惑，咒骂志愿军是“用烈性酒麻醉了的疯子”，甚至怀疑中国军人“很可能是服用了一种特殊药物”。“药物”当然不可能有，但“特殊”却是千真万确，其“特殊性”就在于中国的革命军人被“思想的闪电”照亮了心灵，他们一旦明白了为谁扛枪、为谁而战，明白了党的路线、方针、政策为什么正确，明白了党的纪律和立身做人的准则，他们潜在的积极因素便会被充分调动起来，巨大的精神能量便会被释放出来，令人不可思议的战斗奇迹便会被创造出来。

其实，不仅是邱少云，在中国人民解放军的队伍中，这样的英雄大有人在。他们所表现出来的顽强的意志力，一般人可能也理解不了。比如，“独臂英雄”丁晓兵在战场上，面对自己一条右臂被炸得只连着一点皮肉的时候，竟然拔出匕首，自己割下并将断臂别在腰间，和战友们扛着俘虏，冒着敌人的炮火翻山越岭近四个小时才撤回去，身后留下了一条三公里长的血路；再如，面对生死考验，年纪轻轻的王庆平、罗昊等人能够在紧急关头，毫不犹豫地把生的希望留给战友，把死的选择留给自己；“三栖精兵”何祥美，能够突破常人的生理极限，在海水里一直深潜到12米……这是用某些人所引用的“生理学”能够理解的吗？在战争年代，革命先烈被俘后，往往被敌人施以毒打、刀割、挖指甲盖、灌辣椒水等酷刑，却依然能够咬紧牙关，保守组织的秘密，这是用某些人所引用的“生理学”能够理解的吗？抗日名将杨靖宇被围困在冰天雪地，完全断粮五天五夜，他牺牲后敌人残忍地将他剖腹，发现他的胃里尽是枯草、树皮和棉絮，竟无一粒粮食，这是用某些人所引用的“生理学”能够理解的吗？！

其实，某些口口声声用什么“生理学”来质疑革命英烈的人，并不是真正想讲科学，而是打着“科学”的幌子诋毁英烈形象和英雄精神。否定、抹黑英模，目的还是为了抹黑我们的党史、军史，动摇我们的信仰、信念。对于这样的行为，我们不可不抵制，不可不防备。

邱少云，一个默默无闻、英勇无畏的战士，在异国的土地上，以惊天动地的壮举，诠释了一名中国军人的铮铮铁骨，表达了他对于祖国和人民的深情厚爱。如今，虽然硝烟已逝，时过境迁，但英雄的事迹，我们永远不能忘记；英雄的精神，我们要一代一代地继承和发扬下去。

罗盛教

伟大的国际主义战士——罗盛教

在朝鲜民主主义人民共和国平安南道成川郡，有一个村庄叫罗盛教村，有一条河流叫罗盛教河，有一座山叫罗盛教山。也许，当地的人们有一天会忘记，那个村庄曾经叫石田里，那条河流曾经叫泥栎河，那座山曾经叫佛体洞山，但他们一定不会忘记这个人——罗盛教。

在 20 世纪 50 年代的朝鲜战场上，罗盛教与黄继光、邱少云等人齐名，成为抗美援朝中的英雄，但与他们有所不同的是，罗盛教并没有牺牲在战场上。但是，他热爱朝鲜人民、热爱朝鲜的一草一木、珍惜中朝两国人民的友谊，发扬国际主义的精神，使他在抗美援朝、保家卫国的战斗中创建功勋。事后有人评价，罗盛教作为一名普通士兵，用自己的生命为中国人民志愿军树立了文明之师的光辉形象。

从“违纪战士”到“国际英雄”

1952 年年初，朝鲜正值寒冬时分，气候条件十分恶劣。中国人民志愿军第一四一师与兄弟部队经过英勇作战，刚刚粉碎了敌人疯狂的“秋季攻势”，奉命在成川郡及其附近地域进行休整训练。时任一四一师师长叶建民，利用这段时间，与师里其他几位领导下到各团去“蹲点”，指导部队总结作战经验，研究新型战法。没想到，就在这次“蹲点”工作中，叶师长意外地发现一名差点被埋没了的“英雄”战士。

这一天，叶师长乘坐吉普车刚从团里赶回位于平安南道石田里的师部驻地，就看见师部门口里三层外三层围了很多朝鲜群众，个个情绪激昂。看到这种情形，叶师长感觉肯定是出了什么大事，便赶忙过去打听。仔细询问才知道，原来是师侦察连有个叫罗盛教的志愿军战士，为救一个名叫崔莹的朝鲜少年而牺牲了。今天这些朝鲜群众相约来到部队，就是为了请求用朝鲜人民的风俗习惯来安葬这位舍己救人的年轻战士。其中一位50多岁的老大娘，更是愿意主动献出自己的墓地来安葬英雄。一位胡须花白的朝鲜老大爷流着眼泪说：“罗同志是为救我们的孩子牺牲的，请志愿军把他的遗体交给我们吧，我们要按照朝鲜人民最隆重的葬礼安葬他。”

看到眼前这感人的一幕，叶师长立即找来师宣传科长，询问此事。科长回答说，之前确实有一个名叫“罗盛教”的战士因“失足落水”而作为“非战斗减员”事故上报军里了，同时向各连下发了事故通报，现在还没有得到军里的具体指示……

听了下级的汇报，叶师长十分恼火。从这些朝鲜群众反映的情况来看，这的确是一起“救人”事迹，如若上报为“违纪事故”，不仅没法向朝鲜的广大群众交代，更对不起英雄的在天之灵。

于是，叶师长决定亲自调查此事，为英雄“正名”。第二天，叶师长带着卫生员、作战参谋和宣传科长冒着严寒，来到了罗盛教救人的地方——石田里泥栎河边。被救的朝鲜少年崔莹和他的母亲一听说志愿军的师长来了，马上也赶到现场。一见面，母子俩就声泪俱下地向叶师长讲起了罗盛教舍身救人的经过：

1952年1月2日早晨，风雪弥漫着石田里，厚厚的冰层封裹着泥栎河。志愿军一四一师侦察连文书罗盛教独自一人来到河边，踏雪寻找两颗废弃的手榴弹，以便利用战斗间隙多练习一下投弹技巧，忽然听到冰面上传来呼救声。当时正在冰河上滑冰的朝鲜少年崔莹压碎了冰块，失足跌进了深深的冰窟窿里，与崔莹一同滑冰的三个少年情急之下惊慌地大声哭喊起来。

罗盛教听到喊声，立刻跑了过来，他虽然听不懂三个小孩在说什么，但从他们的手势和碎裂的冰块中，已明白了一切。他毫不迟疑，奔向冰窟，一边跑一边将棉衣脱掉，然后纵身跳进了冰窟窿。当时气温是零下20多度，罗盛教的脸、脖子被冻得发紫，他在水下找到了崔莹，一次又一次将他推出水面，但由于冰窟周围冰层太薄，承受不住崔莹的体重，如此反复几次，也没能把崔莹救上去。已筋疲力尽的罗盛教，再次潜入水下，用尽最后的力气，用头将崔莹再次顶出水面，此时，闻声赶来的侦察连理发员宋志云找来一根电线杆，小崔莹紧紧抓住电线杆才被拖上了冰面。但当宋志云转身想要救起罗盛教时，才发现精疲力竭的罗盛教已经被水流冲到了厚厚的冰层下面，再也没有浮出水面……

中国人民的好儿子罗盛教，为了一个素不相识的朝鲜少年，献出了自己年仅21岁的宝贵生命。

听完崔莹母子的诉说，再加上之前朝鲜群众的集体“请愿”，叶建民师长明白了事情的原委，罗盛教肯定是为了救人而牺牲的，这与一般的溺亡事故有着本质的不同。这时崔莹的母亲又哭着说道：“元善女大娘已献出自己的坟地，我们要用朝鲜人民隆重的葬礼埋葬救命恩人罗同志，让他永远和我们在一起吧！”这位朝鲜母亲发自内心的诚挚情感，深深震撼了志愿军叶建民师长的心灵，他感到自己有责任让更多的人了解和学习罗盛教的英雄事迹。

一回到师部，叶建民立即将自己调查了解到的关于罗盛教舍己救人的英雄事迹向上汇报，并很快引起上级重视。没过多久，中国人民志愿军总部就颁发命令，追记罗盛教烈士特等功，并授予“一级爱民模范”的光荣称号，中国新民主主义青年团中央也追认罗盛教为“模范青年团员”。很快，罗盛教这个响亮的名字，就在志愿军官兵中传开，并成为大家学习的楷模。

之后，部队战士和石田里的朝鲜人民群众2000多人，为罗盛教举行了隆重的追悼大会。在追悼会上，部队特批鸣炮21响，向中朝两国人民的优秀儿女、国际主义战士罗盛教志哀、致敬。

令人感动的三封家书

英雄决不会是“天生”的。在异国的土地上，在异国人民遇到危险的时候，罗盛教能够挺身而出，舍己救人，与党和国家的培养、父母亲的教育和影响有很大的关系。

1954年，罗盛教的父亲罗迭开老人曾亲手将罗盛教生前写给父母亲的三封家书捐献给湖南省博物馆。从这几份珍贵的信件中，我们或许能够找到这位年轻的英雄成长的足迹。

罗盛教原名罗雨成，1931年4月22日出生在湖南省新化县圳上镇桐子村的一个贫苦农民家庭。1947年他考入湖南省立第十三中学（今吉首民族中学）读高中。1949年11月参加了中国人民解放军。1950年3月，罗盛教从军政干校毕业，分配到四十七军一四一师直属侦察连当文书。就在这时，湖南各地农村轰轰烈烈地开展了减租退押运动，这一运动是湖南不久将要开展的土地改革运动的前奏。

参军后的罗盛教，政治觉悟迅速提高，他认识到，减租退押

罗盛教，因奋不顾身抢救落水的朝鲜少年而献出自己的生命，志愿军领导机关给他追记特等功，追授“一级爱民模范”称号，团中央追认他为“模范青年团员”。

朝鲜政府和人民为了永久纪念罗盛教烈士而命名的罗盛教山、罗盛教河、罗盛教亭和修建的罗盛教烈士纪念碑。

是翻身的农民在党和政府的领导下向过去压迫剥削农民的封建势力作斗争的重要一步。于是，他在1950年5月1日给父母亲写信，鼓励他们要勇敢参加这场斗争，夺回昔日被封建势力夺去的果实，并且要“响应毛主席的号召，努力生产，解决困难，建设我们的新国家”。

信件的主要内容如下：

父母亲：

我们穷人在国民党反动统治下，是抬不起头来的。今天我们解放了，得到了自由，我们应该爱护我们的祖国，向人民政府购买公债，以期建设我们的新国家。我们翻身了，有了说话的机会，我们应该放开喉咙，大胆地说出在国民党反动统治下所受的苦难……以更深的（地）启发其他的穷人的觉悟，和彻底擢（推）翻他们的封建势力，免得他们再在乡间蔓生。

减租退租（押）运动都（到）底展开了没有？这事是关于我们穷人的，是解决我们的困难的，我们应该团结其他受苦受难的人，向有钱的人做生死的斗争，不退就不行，不要以为他向我们流了泪就宽谅他，这是不对的，因为他们欺压我们穷人，已有几千年了，他们骑在我们头上剥削我们是不留情的……我们今天翻身了，要他们退我们的钱，还我们的债，不要同情他……男在这里身体很好，请不要挂念，你老安心生产，多开荒。现在与以前不同了，以前是做出来的有一大半是别人的，现在做多少收多少、决定（绝对）没有人敢抢我们的。我们应该响应毛主席的号召，努力生产，解决困难，建设我们的新国家。余未多写了，专此谨禀并叩

福安！

男　雨成禀

五·一

1950年7月1日，罗盛教在文书训练班光荣地加入了中国新民主主义青年团，他很兴奋，于是在7月7日，给父母写了第二封信，报告了这一喜讯：

父母亲：

男于文训班学习，已在共产党诞生的那一天七月一日结业了，并在那一天男已加入了自己的先进的组织——青年团。结业以后，就分发到侦察工作。现在还在招待所休息，再过几（天）就要去了。身体还很好，请勿挂念。尔来福体如何？弟妹怎样？姑丈好久来？请告诉他，男在四十七军侦察队（地址：古丈乌缩）。我地雨水还好吗？是不是有虫灾？来谕请详告。前次寄上的相片收到了没有？三叔快回来了，有空请与姑丈来接他们。没有多写了，最后祝大人福体康泰，努力生产。

男　雨成敬叩

七·七

1950年秋天，罗迭开老人在给罗盛教的信中说：“今年天灾收成不好，派粮多……”似乎有一些抱怨的情绪。罗盛教马上给父亲写了一封信，向父亲讲了一番道理，劝父亲要正确看待政府的派粮政策，并要积极配合。这封信充分体现了罗盛教高度的政治觉悟。他的父亲读完这封信后感动地说：“盛教儿，你不愧是党教育出来的好战士，不愧是我的好儿子啊！”罗迭开老人从此不仅没有了抱怨的情绪，而且积极带头交派粮，使他们那个村的派粮超额完成了任务。在随后开展的土改运动中，罗迭开老人也是积极分子，他们一家成了模范军属。

第三封信的主要内容如下：

父母亲：

你的来谕已经收到了，家里的情形也大概的（地）知道了些。您说“今年天灾收成不好，派粮多……”这没有什么关系。派粮，政府及工作同志有一定的估计，决定（绝对）是抱着“粮多的多出，粮少的少出，没有的不出”的政策而摊派的。同时现在所出的粮，是用在我们自己身上，决不是和以前——国民党手里一样，多出是多替他们卖命，害自己。所以现在政府给我们派的粮，我们要毫不客气的（地）大方地拿出来。

……

土地改革的时间快到了，我地的情形怎样？是不是有坏分子捣乱？可仁讨亲在什么时候？你要我回来，大概不可能吧，因为目前的剿匪任务繁重。至以后是可以请假回来看看的。但是儿在这，身体是相当的（地）好的，工作和学习是不断的（地）进步的，这可以慰大人的劳的，请不要挂念吧！儿惟一的希望，只能望着大人多多来信，没有邮票寄信来，儿一定会寄回来的，现又从信内寄回三封信的邮票，请察用吧！我的军人证明书不久就可寄回来了，接到之后，请到区政府去登记。

……

祝福体康安！

儿　雨成禀

1950.10.27

1951年春，罗盛教随部队开赴抗美援朝前线。入朝之后，他不仅在战场上屡次立功，而且在没有战事的时候，不止一次地帮助过当地的朝鲜群众。就在牺牲前不久的那个夏天，在敌机轰炸后的一个村子里，他冲进熊熊火海，救出了一位朝鲜老大娘和一个孩子。而此次，他又用年轻的生命谱写了一曲舍己救人的国际主义赞歌。读罢罗盛教的这三封家书，我们不难发现：罗盛教是一个思想觉悟和道德情操非常高尚的人，他的英雄壮举决不是一时的情感冲动，而是英雄思想火花的结晶。

“活着的罗盛教”

罗盛教牺牲后，朝鲜人民怀着沉痛和崇敬的心情，安葬了罗盛教烈士，并且为他修建了一座纪念碑，上面镌刻着朝鲜人民军最高司令官金日成将军的题词——“罗盛教烈士的国际主义精神与朝鲜人民永远共存”。1953 年 6 月，朝鲜最高人民会议常任委员会颁布政令，授予罗盛教“一级国旗勋章”和“一级战士荣誉勋章”。这是朝鲜人民给予志愿军战士最崇高的荣誉，据说就是整个朝鲜人民军部队中能够获此殊荣的，也寥寥无几。1983 年，在朝鲜庆祝建国 35 周年之际，反映罗盛教英雄事迹的电影《沸流江的新传说》上映，这部影片是金正日同志亲自下指示制作拍摄的。

被救的朝鲜少年崔莹，后来写信给罗盛教父亲罗迭开，称他为父亲。1954 年，崔莹亲自到中国湖南新化看望了他的“中国父母”。为了向自己的救命英雄学习，1955 年，崔莹参加了朝鲜人民军。1977 年，崔莹在自己的部队因公殉职。崔莹曾经学习的母校，原名朔仓中学，成立于 1945 年，朝鲜战争中一度被毁，后由罗盛教和志愿军战士帮助修复。2011 年，朝鲜将该校命名为罗盛教中学。2013 年 4 月，该校又更名为罗盛教高级中学。在校长的办公室里，四周墙上挂满了展板，记载了罗盛教烈士的生平事迹，以及中朝人民友好交往的历史等，有一块展板上还用朝鲜文字写着罗盛教的一首诗，诗中鼓励人们“勇敢前进”。每年志愿军入朝作战纪念日，学校师生都会去罗盛教烈士墓地祭扫。

多少年来，罗盛教的名字激励着一代又一代的人。1953 年 9 月，罗盛教所在部队的谢培彦等 14 名勇士，在安戎江口冒着海潮汹涌的危险救出溺水的朝鲜妇女，被称为“活着的罗盛教”。同年 12 月，24 岁的志愿军战士史元厚在平安南道安州为抢救落水儿童赵元弘而牺牲，作家杨朔曾撰文纪念这位“罗盛教式”的英雄。1993 年 6 月 20 日，金德福、王庆社和张立武三位中国同志在朝鲜开城市郊礼成江中救起两名落水朝鲜女孩，朝鲜群众像当年一样，称他们为“活着的罗盛教”。而 1952 年 11 月因遭遇空袭、为保护志愿军伤员而牺牲的朝鲜农民朴在根也被誉为“朝鲜人民的罗盛教”。

因为当年的纵身一跃，罗盛教这个名字，已经成为舍己救人的代名词。他的壮举散发出人性的光芒，也有着超脱政治风云、超越时空的动人力量。

杨根思

孤胆英雄——杨根思

“烽烟滚滚唱英雄，四面青山侧耳听……人民战士驱虎豹，舍生忘死保和平。”每当银幕上出现英雄王成手握爆破筒纵身跃入敌群的雄姿，响起《英雄赞歌》这首动人旋律的时候，济南军区机步五十八旅三连的官兵都格外激动，因为《英雄儿女》这部著名的影片，其中很多精彩的镜头便是取材于他们的老连长杨根思的英雄事迹，影片再现了当年杨根思在朝鲜战场上气吞山河的英雄壮举。

少年羊庚玺

1922年冬，江苏省泰兴县王官司乡羊货郎店村一个贫苦农民家里产下一子，起名羊庚玺。羊家贫困，只有三间茅草房，夏天漏雨，冬天进雪。没有床，就睡在高粱垛上；没有被子，就用小麦秆子盖在身上取暖，真可谓贫困至极。羊庚玺8岁那年，父亲被地主逼债抢租含冤而死。不久，母亲也忧劳成疾，含恨离世。父母双亡，羊庚玺和哥哥沦为孤儿，被迫到地主家当了放牛娃，但辛辛苦苦劳作一年，却被地主驱赶出门，没有拿到一分钱。

1933年春，羊庚玺跟哥哥一块来到上海谋生，却也困难重重。为了能进入上海林记地毯厂当学徒，他们不得不签了“卖身契”。

名为学徒，实为奴仆，一天工作十几个小时，别人学徒三年，他却要五年。每天天不亮就开始干活，经常干到凌晨才能睡觉。终日衣不蔽体，食不果腹。童年的苦难生活、悲惨遭遇在他幼小的心灵上留下了无法愈合的创伤。

1941 年，日寇侵占了租界，地毯厂关闭。羊庚玺和哥哥被迫离开上海，返回阔别已久的家乡泰兴羊货郎店村。而此时的羊货郎店，在共产党的领导下，正掀起如火如荼的抗日热潮，羊庚玺仿佛一下子看到了曙光，他激动地说："我一定要跟着共产党和新四军走！"

1942 年 12 月，羊庚玺参加了乡基干民兵队，从此他身背大刀，怀揣手榴弹，活跃在苏中敌人据点周围，割电线、埋地雷、送情报、站岗放哨等，积极投身于革命运动。

1944 年 2 月，新四军开始招收新兵，苏中地区很快掀起参军浪潮，羊庚玺也前去报名。报名时，负责登记的新四军战士问他："叫什么名字？"

"羊庚玺。"他用浓重的家乡话回答。

"杨根思？"战士边念边在登记簿上填入了"杨根思"三个字。

从此，苦命娃羊庚玺更名杨根思，成为老一团一营三连三排九班的一名新四军战士。他一到部队就受到热情欢迎，感受到从未享受过的温暖，开始了与苦难童年天壤之别的军旅生活。

"爆破大王"

加入部队后，杨根思苦练杀敌本领，并在 1945 年 2 月攻打沙沟镇的战斗中，徒手从一个伪军手中夺了一支枪，受到部队的嘉奖。

1945 年 11 月，杨根思光荣地加入了中国共产党。

1946年6月，新四军发起对山东泰安伪军的讨逆战，杨根思所在的突击班奉命攻占全城的制高点——一座高大的天主教堂。这个天主教堂是水泥建筑物，高大结实，周边是一片民房。敌人在民房的屋顶架着轻机枪，并以麻袋堆作掩护，防控非常严密。

6月8日，夺取天主教堂的战斗打响了。战士们从屋檐下向屋顶上的敌人投掷手榴弹，但效果不好，投上去的手榴弹不断滚落下来，反而伤及了自己人。杨根思对班长说："班长，这样不行，叫大家不要打了，让我一个人来投。要是被敌人打着，也只是我一个人，不能睁着眼睛挨敌人打。"说罢，杨根思穿了一件能够携带18颗手榴弹的背弹衣，冲到离屋檐五六米远的开阔地，迎着敌人的枪林弹雨，两手左右开弓，向屋顶连续投掷手榴弹。突然，杨根思的脸被敌人的子弹击中，血肉模糊，班长连忙派人上前营救，但杨根思说什么也不下火线，继续坚持战斗，奋力将手中最后两颗手榴弹扔了出去，全部精准地命中目标。经过激烈的战斗，杨根思和他的战友们成功占领了天主教堂。

这场战斗之后，杨根思首次获得"战斗英雄"称号。

杨根思打仗时冲锋陷阵，没有战斗任务时就用心研究各种武器、弹药的性能，苦练基本功，很快成为一名出色的爆破好手。1946年10月14日下午，杨根思所在班接受了攻打郭里集的突击任务。夜幕降临时，杨根思扛着一个之前从未使用过的拉雷包，随部队冒着大雨向郭里集出发。本想在夜色和雨水的掩护下出其不意地突袭敌人，不料被前方阵地上的敌人发现，只能采取强攻。在火力的掩护下，杨根思扛着一颗拉雷冲到碉堡下，放好位置后，猛拉一下拉火环，迅速跑回阵地，等待着敌人的碉堡被炸毁。战士们也都做好准备，等待冲锋。可是，几分钟过去了，拉雷并没有炸响。杨根思又扛了一颗拉雷冲到碉堡下，可这颗拉雷仍然没

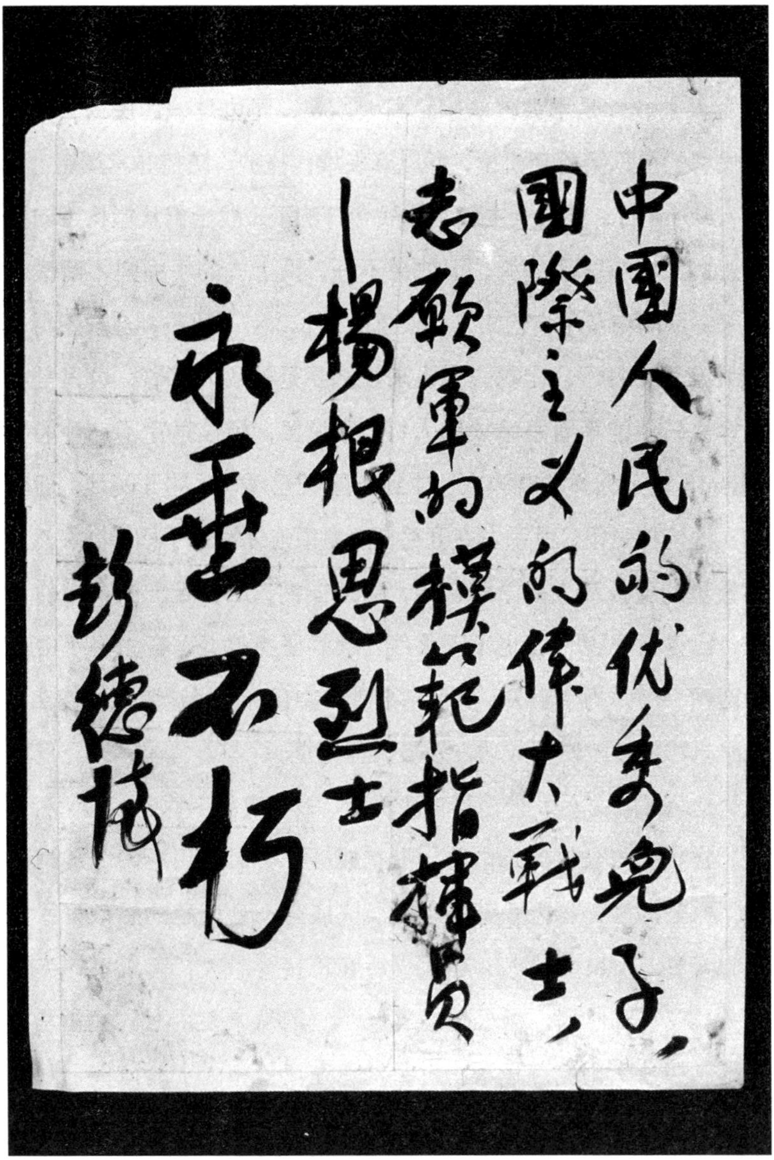

彭德怀为杨根思烈士的题词:“中国人民的优秀儿子，国际主义的伟大战士，志愿军的模范指挥员——杨根思烈士永垂不朽”。

有反应。原来，拉雷在连日的阴雨天里受了潮，拉火环出了问题。杨根思急得直跺脚，又跑回营部扛来了第三颗拉雷。当他放好拉雷准备拉环的一瞬间，他突发奇想：既然来三回了，如果把前两颗未爆的拉雷与这颗放在一起引爆，力量肯定会更大！于是，他就把三颗拉雷摆成“品”字形，然后猛地一拉拉火环，导火索冒着烟，发出“吱吱”的响声。杨根思兴奋地跑回阵地对战友们说：“上刺刀，准备冲！”

他的话音刚落，果然，随着一声天崩地裂的巨响，碉堡被炸上了天，战士们果断出击，大获全胜。

由于在这次战斗中表现突出，杨根思被一团授予“爆破大王”的光荣称号。

1947 年 1 月，杨根思和战友们接到攻打齐村的命令。齐村是临（沂）枣（庄）线上的重镇，位于枣庄以西约三公里处，敌整编第五十一师一一三旅旅部率三三七团驻守这里。这股敌人武器精良、弹药充足，由电网、城墙、战壕、碉堡、暗堡、地雷、铁丝网等铸成坚固的防御体系，自认为“固若金汤”。

1 月 14 日下午，营长向突击排的爆破手下达了任务：“第一爆破组组长！”

“有！”已是九班副班长的杨根思上前领命。

营长拍着杨根思的肩膀问：“爆破大王，有没有困难？”

“没有战胜不了的困难！”杨根思脱口而出。

杨根思仔细观察地形，一座圆形的大碉堡，旁边有三个小暗堡，交叉火力封锁着一片开阔地，圆形大碉堡东西两边各有一座四方形的大碉堡。

傍晚时分，杨根思和副手各背一个炸药包，在火力的掩护之下，穿过敌人严密的火力封锁区，接连炸掉两座碉堡。之后，杨根思又抱着炸药包冲到一座大的方形碉堡前，刚放置好炸药包准备拉环，突然听到碉堡里的敌人正在争论是否投降。于是，杨根思当机立断，抱起炸药包纵身跳入敌人的交通壕，飞起一脚踢开大门，威风凛凛地站在敌人面前，大声喝道："缴枪不杀，谁敢顽抗，统统报销！"说着，做出要拉环的姿势。敌人吓坏了，纷纷缴械投降。

战斗胜利后，杨根思被授予"华东一级人民英雄"称号。此后，他又跟随大部队参加了淮海战役、解放上海的战役，也是屡立战功。

"有我就有阵地在"

1950 年 9 月 20 日，杨根思乘列车抵达北京，参加全国战斗英雄和劳动模范大会。9 月 26 日下午，在中南海怀仁堂里，毛泽东等中央首长接见了全国战斗英雄和劳动模范。10 月 1 日，杨根思和全体英模代表登上天安门观礼台参加国庆观礼，看到军容整齐、英姿飒爽的解放军方阵昂首阔步走过天安门，接受国家和人民的检阅，杨根思的幸福感和荣誉感无以言表，感动得热泪盈眶。

然而，就在英模大会刚刚闭幕的第二天，杨根思就得到了通知，美国发动了侵朝战争，并已把战火引向鸭绿江边，轰炸我东北边境城乡，严重威胁我们国家和人民的安全。于是，一回到连队，杨根思就把大会上得到的各种纪念品分赠给大家，自己仅留下了纪念章和纪念册，然后便和战友们一起，投身于抗美援朝、保家卫国的战斗中。

出发之前，杨根思被任命为中国人民志愿军第二十军五十八师一七二团三连连长。10 月 19 日，杨根思带领全连指战员随大部队雄赳赳、气昂昂地跨过鸭绿江，奔赴朝鲜战场东线战区。

11 月初，美军约十万余人沿朝鲜北部长津湖地区行进，准备对这一地区实行战略包围。为了截住长驱直入的美军，杨根思所在的第九兵团冒着零下 40 摄氏度的严寒，踏着没过膝盖的积雪，经过七昼夜的急行军，于 28 日凌晨赶在美军之前进入阵地，抓住美军兵力分散的有利时机，从三个方面反包围了这一带的美军，割断了美军相互之间的联系。被围美军为打破被分割包围的不利态势，以坦克、装甲车和汽车组成环形防御，在大量飞机、坦克的火力掩护下连续向志愿军阵地猛攻。营长命令杨根思带一个排的兵力进入 1071 高地东南的小高岭，务必切断敌军退路。杨根思说："只要有我杨根思在，小高岭就是我们的！"

29 日拂晓，杨根思带领三排战士进入小高岭阵地。

上午，有"王牌军"之称的美陆战第一师集中火力猛攻小高岭，密集的炮弹、炸弹和凝固汽油弹落在小高岭上，小高岭顿时成了一片焦土，我军阵地大部分工事被摧毁。很快，铺天盖地的美军步兵在炮火的掩护下向小高岭冲上来。

战士们盯着步步逼近的敌人，80 米、60 米、40 米、30 米……杨根思一声怒吼："打！"顿时，轻重武器一起喷出怒火，一颗颗手榴弹在敌群中开花，打得敌人丢下大片尸体，溃退下去。

随后，敌人又纠集两个连的兵力，在八辆坦克的掩护下发起第二次进攻。七班机枪手牺牲了，杨根思将驳壳枪插进腰间，接过机枪猛烈扫射，敌人的阵脚被打乱了。杨根思端起机枪，跃出弹坑，高呼："为了祖国人民，为了朝鲜人民，冲啊！"战士们旋风般地冲向敌人。在战士们的猛烈冲击之下，美军不敢恋战，再次溃退下去。

然而，没过多久，稍作休整的美军又开始了第三次反扑，坦克轰鸣着向山上冲来。杨根思抱起一包炸药正要向敌人的坦克冲

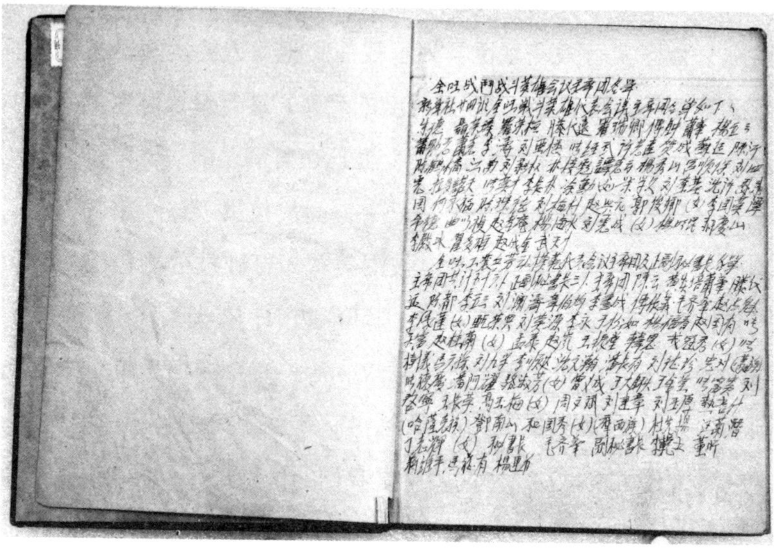

杨根思的笔记本

杨根思生前吃剩的炒米

去，战士赵有新一把拉住他，抢过炸药包冲向敌坦克。接着“轰隆”一声巨响，敌人领头的一辆坦克顿时变成一堆废铁。后面的坦克慌忙调头，夺路而逃。

第三次反扑刚刚被打退，十几架重型轰炸机和一批海盗式飞机接踵而来，轮番轰炸，小高岭上再次燃起熊熊烈火。敌人在飞机的掩护下，又发起了新的反扑，整营的美军恶狼似的扑向小高岭。杨根思边打边喊：“同志们，有我们的勇敢，就没有敌人的疯狂，坚决把敌人打下去！”尽管阵地上的战士越来越少，但是，小高岭仍像一把锋利的钢刀，切断了敌人的退路。

敌人的进攻规模一次比一次大，杨根思率领三排战士浴血坚守，连续打退了敌人八次反扑，但一个接一个的战士也为此献出了生命。此时，已近黄昏，硝烟弥漫，阵地上只剩下连长杨根思、通讯员王喜和重机枪手陈德胜三个人，而通讯员王喜还负了伤，机枪子弹也打光了。考虑到此次战斗任务已经完成，为了保护剩下的两名战友和自己的武器不落到敌人手里，杨根思果断命令两名战友立即撤下去，把重机枪带走。二人说什么也不肯留下杨根思独自撤离阵地，杨根思严肃地说：“这是命令，也是战斗的需要！回去告诉营首长，有我杨根思在，阵地就一定在！”

于是，阵地上只剩杨根思独自坚守了。他绕小高岭巡视一周，把阵地上一切可用的武器都收集起来，准备进行最后一轮阻击战。此时，敌军的第九轮冲锋开始了，大批美军涌上山头。等敌人靠近后，杨根思把最后的三颗手榴弹扔向敌群，然后抱起最后一个炸药包，冲入敌群，一声巨响，与敌人同归于尽。为了反对侵略战争，保卫世界和平，杨根思献出了自己年仅 28 岁的生命。

为了表彰和纪念杨根思烈士，志愿军领导机关为他追记特等功，追授“特级英雄”称号。杨根思生前所在连队被命名为“杨根思连”，这也成为我军第一支以英雄名字命名的连队；杨根思的家乡被命名为“根思乡”。中国人民志愿军司令员彭德怀亲笔题词：“中国人民的优秀儿子，国际主义的伟大战士，志愿军的模范指挥员——杨根思烈士永垂不朽。”

1953年，朝鲜最高人民会议常任委员会授予杨根思“朝鲜民主主义人民共和国英雄”称号和“一级国旗勋章”“金星奖章”，并在他牺牲的地方竖起了镌刻有“永垂不朽”字样的“杨根思英雄纪念碑”。

第二章

壮怀激烈，巾帼英雄

向警予、赵一曼、江姐、刘胡兰

近代以来，在艰苦的革命斗争中，许多优秀党员和革命战士为救国救民的革命事业献出了自己的生命，其中，有一个特殊的英雄群体不容忽视，那就是革命军中的女英雄。正所谓“巾帼不让须眉”，在革命的道路上，谁说女子不如男？从秋瑾到赵一曼，从向警予到江竹筠，从刘胡兰到刘耀梅……这些巾帼英雄，要么成为革命队伍中的优秀领导者，带领队伍南征北战，屡建奇功；要么隐匿于群众之中，默默做着危险的地下工作，宣传理想，发展队伍。

很多女性英雄，有的在残酷的战争中，提枪跨马，四处拼杀，与革命队伍一道抵御强敌，直至壮烈牺牲；有的在不幸被捕之后，守口如瓶，严守党的秘密，拼死保护自己的战友，任凭敌人用尽各种花招、施以各种极刑，都毫不动摇。很难想象，敌人对她们所用的酷刑，惨绝人寰，连男性恐怕都难以忍受，而她们是怎样做到的……

很多女性英雄，为了革命事业，抛家舍业，丢夫弃子。很多人在离家革命之时，她们的孩子刚刚出生，嗷嗷待哺；而有很多人在英勇牺牲的时候，自己本身还只是一个孩子。

我们在缅怀英雄的时候，更应该记住这些女英雄！

伟大的妇女领袖——向警予

向警予，这位出生于湘西土家族的女杰，是中国共产党第一个女中央委员和首任妇女部长，被誉为“中国的蔡特金”、武汉的“老大姐”。她是中国早期妇女运动的杰出领导人、湖南妇女留法勤工俭学运动的首创人之一。她为妇女的解放、为劳苦大众的解放、为实现共产主义事业，在那刀光剑影、血雨腥风的白色恐怖笼罩下的岁月里，始终坚定不移地追求真理，深恶痛绝地鞭笞旧世界，义无反顾地奉献，直至英勇就义。她虽然英年早逝，只活了短短的 33 个年头，但是，正如明代诗人于谦所赞颂的那样：“千锤万凿出深山，烈火焚烧若等闲。粉身碎骨全不怕，要留清白在人间。”向警予的名字，必将在中国妇女运动史和中国革命史上留下光彩夺目的一页。

木兰梦，报国志

向警予，学名向俊贤，湖南省溆浦县人，1895 年 7 月 16 日出生在一个商人家庭。家里兄妹十人，她排行第九，人称九姑娘、向九姐。

向警予 5 岁开始认字，6 岁上私塾读书。出生在内忧外患年代的向警予，从小就关心国家的命运，爱好体育运动，喜欢练习武

向警予

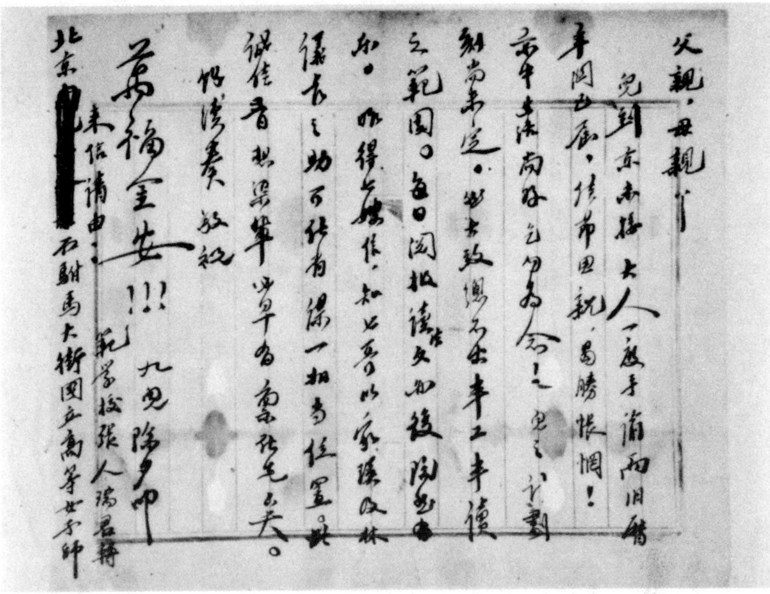

父親、母親：

兒到京未接大人一啟手諭，兩旧曆

年關在即，佳節思親，曷勝悵惘！

……

萬福金安！！！

九兒警予叩

北京[redacted]來信請由：石駙馬大街國立高等女子師範學校張人瑞君轉

向警予致父母亲的信

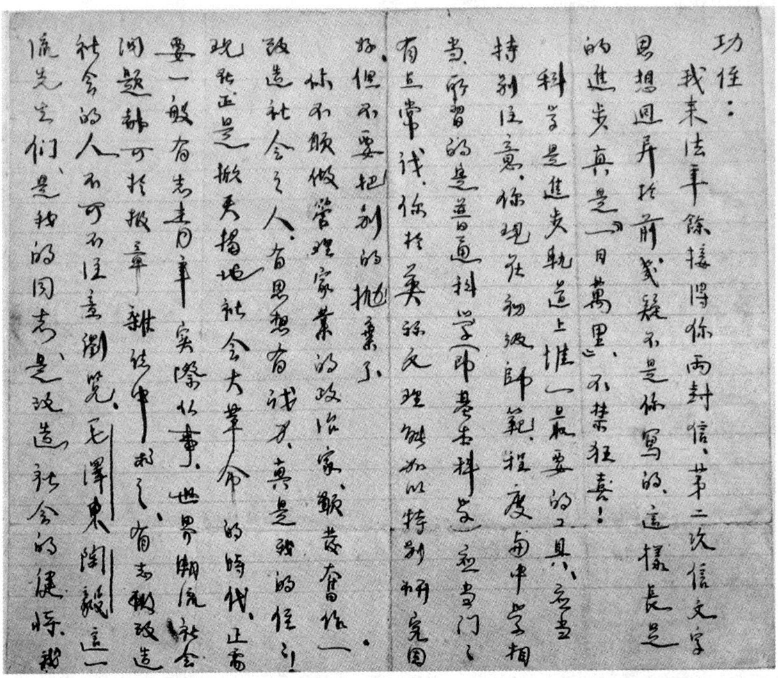

功侄：

我來法年餘，接得你兩封信，第二次信文字思想迥異於前，幾疑不是你寫的，這樣長足的進步，真是一日萬里，不禁狂喜！

科学是進步軌道上推一最要的工具，你當特別注意。你現在初級師範，程度與中学相當，所習的是普通科学（即基本科学），應當門門有点常識，你於英語文理須加以特別研究，因……好，但不要把別的拋棄了。

你不願做管理家業的政治家，願發奮作一改造社會之人，有思想有識力，真是難得的侄了！現社會正是掀天揭地社會大革命的時代，正需要一般有志青年實際於事，世界潮流、社會問題都可於報章雜誌中知了，有志於改造社會的人不可不注意研究。毛澤東、陶毅這一流先生們，是我的同志，是改造社會的健將，我

这是向警予 1920 年在法国的蒙台女学求学期间写给她的侄女向功治的一封信，向其阐述深刻的革命道理，并要求多向毛泽东等人请教。向警予不仅通过书信对侄女循循教导，更是以身作则，树立榜样，先行走上革命的道路。

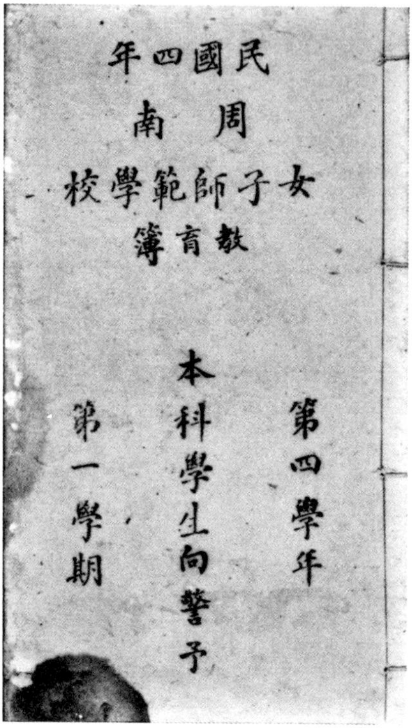

向警予在周南女子师范学校的学习笔记——教育簿

术，一直向往要做一个“花木兰式”的女英雄，将来能做一番拯救国家和民族的惊天伟业。

向警予的大哥早年参加同盟会，是一位爱国志士。在他的影响下，向警予很早就开始接触进步思想。1911 年，她考入常德女子师范，1914 年转学入长沙湖南省立第一女子师范学校。在校期间，学校校长朱剑凡因思想倾向进步，锐意教学改革，为当时政府所不容，被撤去了校长职务。新派来的一个所谓“贤达”之士，却是一位思想格外守旧的老朽，屡屡打压学生们的进步言行。面对这种情况，向警予联络了十几位进步学生反对这位新来的校长，并集体退学以示抗议，此举在当地轰动一时。而且，向警予从此将自己的“俊贤”之名改作“警予”，以时时警策自己。

1915年5月，袁世凯为了复辟帝制，不顾众怒，悍然接受了日本意在灭亡中国的“二十一条”，由此激发起全国范围内的反袁怒潮。向警予积极投身于这场反袁斗争中，她在周南女校召开的“讨袁大会”上慷慨陈词，号召大家团结起来讨伐袁世凯的卖国行径。会后，她又和同学们到各地进行爱国宣传。有一次，在向群众讲演时，向警予竟因激愤过度而晕倒在讲台上，下面的听众无不为她的爱国精神所感动。

1916年夏，向警予从周南女校毕业，怀着“教育救国”的抱负回到家乡。为了改变家乡的落后面貌，她四处奔波，克服重重困难，创办了男女同校的溆浦小学堂，并担任校长。由于当时的守旧思想严重，很少有家长会送女孩子入校学习。为了动员女孩子们入学，她不辞劳苦，跋山涉水，四处劝学，群众被她的满腔热忱所感动，纷纷送孩子上学。学校在她的主持下，传授新知识，提倡新风尚，宣传新思想。此后学校规模不断扩大，由一个班几十个学生发展到八个班三百多人，为社会培养了很多人才。

1919年五四运动爆发后不久，消息就传到了溆浦，向警予马上起来响应。她带领师生们上街游行示威，高举“惩办卖国贼”的大旗，要求内惩国贼，抵制日货。她还常常顶着炎炎烈日，用通俗的家乡语言，向群众发表演讲，痛陈袁世凯签订“二十一条”和段祺瑞政府的卖国行为，号召大家起来拯救危亡的祖国。在她的长达几个小时的激情演说之下，成百上千群众的爱国热情迅速被激发出来。

向警予

革命路上的“向蔡同盟”

正当向警予埋头办学、一心救国之时，驻扎在溆浦的湘西镇守副使兼第五区司令周则范，竟突然派人来向家说媒，要娶向警予做二房夫人。慑于周的权势，向父只得勉强同意。向警予闻讯后，只身闯入周宅，斩钉截铁地表示自己要“以身许国，终身不婚”，当面断然拒绝了这桩婚事。

就在向警予最苦闷的时候，突然收到好友蔡畅的来信，约她到长沙一起筹备女子赴法勤工俭学之事，这一消息使得她喜出望外。于是，在1919年秋，向警予毅然离开溆浦，前往长沙，先是加入了毛泽东、蔡和森主持的“新民学会”，成为第一个女会员，

1924年3月22日，上海各女子团体在中央大会堂召开女国民大会，图为向警予在主席台上。

向警予，1912年于长沙上学时摄，时年17岁。

并于 12 月 25 日，与蔡和森、蔡畅、葛健豪等三十余人，乘坐法国“央脱莱蓬”号邮船，远涉重洋，赴法国勤工俭学，寻求救国真理。

漫长的 35 个昼夜的海上航行，向警予与蔡和森二人在政治问题及学术问题的研究中，在你争我论的论辩里，逐渐形成了共同的革命追求和救国理想，并最终发展为真挚的爱情。到达法国后，1920 年 5 月，蔡和森和向警予正式结婚。虽然婚礼办得非常简单，但却非常特别。婚礼上，二人分别朗诵了在旅途中写给对方的诗篇，并将这些诗篇编成诗集，取名“向上联盟”，分赠给大家。从此，“向蔡同盟”这个称号便广为流传。之后，二人又拍了一张与众不同的结婚照。画面中，二人并肩坐在草坪上，捧着一本打开的《资本论》，题为“向上”。这表明他们的结合，不仅仅是男女之间爱情上的同盟，更是革命理想事业上的同盟。

婚后，向、蔡二人不断搜集资料，一起研讨当时国内外形势和社会上流行的各种思潮，参加新民学会在法国的各项活动，积极探讨改造中国与世界的道路问题。

1921 年，留法勤工俭学学生面临着“无工做、无饭吃、无书读”的威胁。他们先后发动了“二二八”求学运动和进驻里昂大学的斗争，向警予是这场斗争带头请愿的成员之一。她还领导留法女生进行了许多活动，呼吁解决学习经费，要求女生有读书权，要求海外大学招收女生。

11 月间，蔡和森、陈毅等人因进驻里昂大学被法国当局以“强占校舍、扰乱治安”的罪名驱逐回国。向警予随后也启程回国。二人回到上海后，就加入了中国共产党，成为我党最早的一对夫妻党员。在 1922 年 7 月的中国共产党第二次代表大会上，蔡和森当选为中央委员，向警予当选为候补中央委员。同时，蔡和森还担任中央宣传部第一任部长，向警予担任中央妇女部第一任部长。夫妻俩都成为中国共产党早期卓越的领导人。

领导妇女运动

1923 年 2 月，在二七大罢工失败后，中国工人运动转入了低潮。中国共产党为组织革命统一战线，于 1923 年 6 月召开“三大”，会上指出了劳动妇女的重要作用，强调妇女参加反帝反封建的国民革命的重要性。于是，会议结束后，担任了妇女运动委员会第一任书记的向警予，以自己极大的革命热情和高度的斗争艺术，领导广大妇女同志开展了一系列的斗争运动。

1924 年 1 月，向警予领导上海女工成立了上海丝厂女工协会。6 月，举行了 14 家丝厂、15000 名丝厂女工的大罢工。她夜以继日地开会、演讲、写文章，领导斗争，取得了很大的胜利。同年 9 月，她还成功地领导了南洋烟厂 7000 名工人大罢工。

1925 年 5 月，上海工人为抗议日本资本家枪杀工人顾正红而引起的大罢工，导致了震惊中外的五卅运动。向警予是这次运动中妇女界的负责人。她常常亲自深入斗争第一线，在街上发表演说、进行宣传和募捐。五卅运动后不久，又爆发了省港工人大罢工，向警予通过各地妇女解放协会，大力支援。她还组织广州、香港等地的女工数千名，直接参加斗争，成为省港大罢工的一支重要力量。

在斗争中，向警予非常重视培养妇女运动的骨干，引导她们走上正确的革命道路。她十分关心平民女校的工作和在这里学习的女青年的成长。她动员上海大学等学校的女生创办了几十所工人夜校，并常常亲自去夜校给女工们讲课。在她的帮助和指导下，

向警予

许多知识分子出身的女学生同女工打成一片，学会了做群众工作，成为党的出色的妇女干部。向警予还十分重视党的统战工作。1924年她组织了上海女界国民会议促成会和以劳动妇女为主力、团结各界妇女的妇女解放协会。这两个妇女组织很快在全国发展起来，会员达到30万人之多，成为党领导下的一支非常有力的革命队伍。

在直接参与和组织妇女运动的同时，向警予还是著名的宣传家和妇女问题的理论家。她亲自起草妇女问题的文件，发表过许多充满战斗性的讲演和文章，激励广大妇女参加斗争。在从法国回来后短短几年中，向警予在紧张的工作之余撰写了40多篇关于妇女问题的重要文章，先后发表在《前锋》《向导》以及各种研究妇女问题的报刊上。这些文章至今闪烁着真理的光辉，具有重要的现实意义。

英勇就义

1925年10月，向警予和蔡和森、李立三等一起，远赴莫斯科，进入东方共产主义者劳动大学学习。1927年3月，由于斗争的需要，向警予从莫斯科回国，再次投身于大革命的洪流之中。

其后不久，蒋介石和汪精卫相继发动了“四一二”和“七一五”反革命政变，大肆抓捕和杀害共产党人，革命形势急转直下。武汉三镇洒满了烈士的鲜血，被白色恐怖笼罩着。迫于危急形势，向警予转入地下，坚持在武汉进行艰苦的斗争。许多领导同志相继从武汉撤离，留下的同志担子更重，危险也更大了。此时的向警予主动要求调到省委，坚持留在战斗的岗位上。

笼罩在白色恐怖下的武汉，敌人疯狂地捕杀革命者，并大肆对外宣传“共产党快要清洗光了”。为了揭露敌人的阴谋，鼓舞群众的斗志，向警予有针对性地在党的宣传工作上加大了力度。1927年10月，她主动担负起了党的秘密报刊《长江》的主编工作，使这份报纸的面貌焕然一新。报刊及时地分析革命形势，暴露了敌人的阴谋，激发着群众的斗志。向警予还连续编写了《国民党三字经》《国民党四字经》等小册子，用通俗易懂的民间歌谣形式与辛辣讽刺的语言揭露和打击敌人，并有效地鼓舞了群众的斗争意志。

11月以后，省委主要负责人纷纷被调走，工作的重担全部压在了向警予身上。向警予成了敌人追捕的重要目标，但她毫不畏惧。在白色恐怖下，她化装成女工、小学教员等，继续着自己的革命活动。

到了12月份，形势更加险峻，党的机关和组织不断遭到破坏，敌人每天都要杀害数十名革命者。向警予随时都有被捕的危险。有些同志劝她离开武汉，但向警予坚定地说：“大风大浪的时刻，一定要沉着、镇定！我决不能离开！”她连大年三十都没有停止工作，忍着饥饿在工人群众中进行活动。

就在这时，省委的交通员宋若林被捕叛变。他首先出卖了党中央刚刚派到湖北省委来工作的夏明翰。夏明翰随之于1928年3月18日被捕，3月20日就惨遭敌人杀害。就在夏明翰被杀害的同一天，向警予也因宋若林出卖而被捕。

在狱中，向警予受尽折磨，吃的是霉米烂菜叶，几十名女犯挤在狭窄的楼板上，臭虫、白虱成群，条件十分恶劣。但她始终保持着乐观的精神，每天早晨起床后背诵唐诗宋词，大声歌唱，一有机会就给同牢的难友们讲述革命励志的故事，做思想工作，鼓励大家坚持斗争。敌人对她软硬兼施、威逼利诱，她都从容以对，毫不动摇。敌人对她再三进行审讯，都没有得到任何口供。她大义凛然地说："革命者不会在你们屠刀下求生。等着吧，你们的末日就在明天！"无奈之下，敌人拉来了叛徒宋若林前来指认，向警予怒不可遏，指着宋大声痛斥道："你这个民族败类，还有脸在这里。我为党的事业而死，虽死犹生！而你活着只是一条癞皮狗，死了遗臭万年！人民是不会饶恕你的！"

1928 年 5 月 1 日，是全世界工人阶级的节日，敌人准备在这一天对向警予痛下杀手。这一天清晨，如狼似虎的刽子手们冲进牢房，要带走向警予。向警予非常镇定，从容不迫地对身边的同伴说："五一，记得吧！"同伴们都会心地点点头。随后，向警予整理好衣服，面带笑容，走向刑场。

在通向刑场的路上，敌人如临大敌，布满了军警和宪兵，但仍有大量的群众纷纷涌过来为向警予送行。向警予边走边向群众大声疾呼："我是中国共产党党员向警予，为工农劳苦大众的解放，不惜流血牺牲……革命者是杀不完的，反动派的日子不会太长了！"然后，她又高唱《国际歌》，高呼"打倒国民党反动派""中国共产党万岁"等口号。敌人见状恐慌不已，穷凶极恶地殴打她，又将她的嘴里塞满碎石子，用皮带勒住她的两颊，不让她说话。现场的人们目睹这一场景悲愤难忍，不少人不禁流下了泪水。

随后，向警予被押到刑场，英勇就义，年仅 33 岁。

当晚，海员工人、共产党人陈春和冒着生命危险，摇着一条小船，将向警予烈士的遗体偷偷运葬到龟山古琴台对面的六角亭下。

1978 年，为纪念向警予英勇就义 50 周年，党和人民将她的忠骨迁到长江、汉水合流处的龟山之巅，邓小平亲笔为墓碑题写了"向警予烈士之墓"七个大字。向警予的英名，将永载中共党史史册，永留中国人民心中。

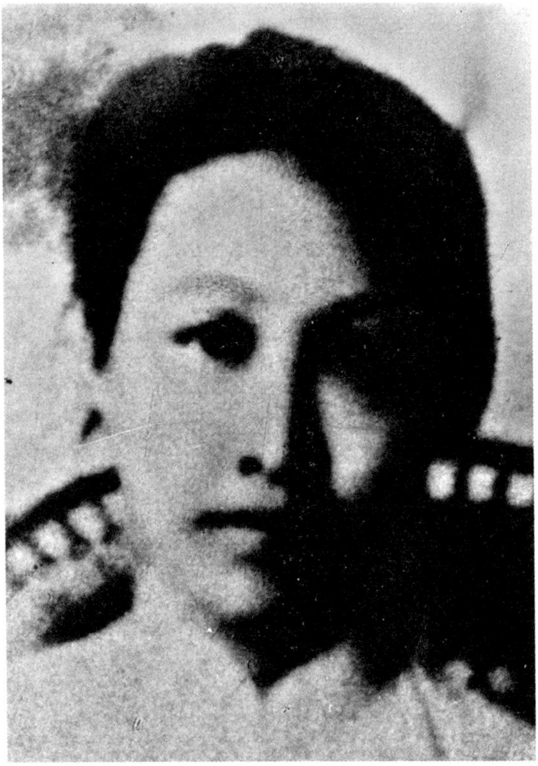

赵一曼

抗联军中女英雄——赵一曼

1951 年，一部反映抗日民族女英雄事迹的黑白电影故事片《赵一曼》开始公映，之后很快便风靡全国。电影中赵一曼一身浩然正气、对敌英勇不屈的形象令观众肃然起敬。半个多世纪过去了，这位抗日女英雄的名字，几乎成了整个中华民族的集体记忆。

如今，当我们走进美丽的北国冰城哈尔滨，漫步在“一曼街”“一曼公园”“一曼村”“一曼屯”“一曼雕像”之间，走进东北烈士纪念馆、九一八事变纪念馆，那个“挎双枪、骑白马”英姿飒爽的女政委、“意志坚定、经验丰富”的职业革命家赵一曼的身影，就仿佛又浮现在我们的眼前。

女子缘何分外差？

赵一曼，原名李淑宁，学名坤泰，参加革命后用名李一超，1905 年 10 月 25 日出生于四川宜宾白杨嘴村，其父李鸿绪是位远近闻名的乡村医生，家境富裕。赵一曼 8 岁入村私塾读书，聪明过人，但性格颇像男孩子，好说好动，非常淘气。一次，她把一只螳螂偷偷放进了私塾先生的脖领里。先生要惩罚她，但她却又能清晰流畅地背诵出书本的内容，先生对她是又气又爱，毫无办法。

不久，赵一曼的父亲去世，长兄李席儒成了当家人。他坚持“女子无才便是德”的传统观念，不再允许赵一曼继续读书，而是让她在母亲的指导下安处闺房，扎耳朵眼、缠足。但赵一曼坚决不从，以死相拼，终于挣脱了摧残人性的缠足枷锁，保住了自己的一双天足，从而能够在日后坚实地走出乡村，走上革命的道路。

五四运动之后，赵一曼在大姐夫郑佑之（中共川南党组织的创建人）的影响下，开始受到革命思想的启蒙和熏陶。1923 年，她加入了中国社会主义青年团，后任村团支部书记，在家乡积极组织妇女解放同盟会。1926 年，赵一曼加入中国共产党，在党组织的帮助下，进入宜宾女子中学读书。她积极参加中共领导的爱国运动，成为当地学生运动的领导者之一。1927 年“七一五”反革命政变发生后，按照党组织的安排，赵一曼转移到上海。9 月，她与 40 多名青年人一同被派往苏联，进入莫斯科大学学习。当时与赵一曼同去的还有她的同学、湖南人陈达邦，他是任弼时妻子陈琮英的哥哥，二人在学习期间因志趣相投，又有着同样的革命理想，很快便相知相恋。1928 年 4 月，经党组织批准，二人宣布结婚。11 月，赵一曼因有孕在身，再加原有的肺病发作，于是党组织决定让她提前回国。回国后不久，党组织派赵一曼去湖北宜昌建立地下交通站，为进出四川转运文件和护送干部。

1929 年 1 月 21 日，赵一曼生下一个男孩。这一天恰是革命导师列宁逝世五周年纪念日，孩子又是孕育在列宁的故乡，而赵一曼原名叫李淑宁，因此，她给孩子取乳名叫“宁儿”。之后，由于斗争形势的不断恶化，也为了更好地投身革命，赵一曼决定忍痛将儿子放到丈夫的哥哥陈岳云家里抚养。1930 年 4 月，赵一曼抱着宁儿来到照相馆，笑对镜头，留下了一张珍贵的母子合影照片。谁曾想，这一别，竟是母子永别，也正是这张弥足珍贵的母子合影照，使20多年后在养父家长大的宁儿陈掖贤得以与逝去的母亲“相认”。

1931年，九一八事变后，中共中央派出大批优秀干部到东北地区从事抗日斗争，赵一曼就是其中的一个。1932年春，赵一曼来到沈阳，在大英烟草公司和纱厂做女工工作。半年后，中共满洲省委迁到了黑龙江省的重要城市哈尔滨，她随之来到哈尔滨，担任满洲总工会秘书、组织部部长；1933年10月，又兼任哈尔滨总工会代理书记。在此期间，赵一曼参加领导了哈尔滨电车工人反对日本警备司令部欺压中国工人的大罢工，坚持了两天半，迫使日本领事馆最终不得不表面接受了工人提出的保护工人生命安全、赔偿医疗费、惩办肇事凶手等方面的条件，罢工取得了胜利。

1934年春，中共哈尔滨党组织遭到日寇破坏，中共满洲省委决定让赵一曼转移到外地工作。7月，她到了哈尔滨东南部的珠河县（今尚志市）抗日游击区，担任中共珠河中心县委委员、县委特派员和妇女会负责人。一年后，赵一曼又担任中共铁北区委书记。

在抗日斗争的最前线，赵一曼不仅机智过人，而且骁勇善战。她本就受过良好的军事训练，经过长期革命斗争的锻炼，更是能文能武，胆量过人。她腰里常别着匣子枪，手提砍刀，带领模范队、青年义勇军与敌人作战，威风八面，丝毫不逊色于男性战士。由此也引起了日伪军的注意，在日伪报纸《大北新报》和《哈尔滨日报》上，都曾登有题为“共匪女头领赵一曼，红枪白马猖獗于哈东地区”的报道，尽管有很多污蔑、不实之词，却也把她说得神乎其神：“‘共匪’女首领赵一曼，红装白马奔驰于丛山密林，投身于抗日反满运动。”敌人还登报悬赏捉拿她这个“挎双枪、骑白马的密林女王”。

1935年秋，珠河根据地遭到日寇的残酷清剿和烧杀掳掠，形

赵一曼和她的儿子宁儿，摄于 1930 年 4 月。

势十分严峻。敌人日复一日拉网般地在道北和道南地区疯狂进攻，11 月 15 日，赵一曼和新二团团长王惠同带领 50 多名战士转战到了铁北五区左撇子沟附近，被日军包围。虽英勇奋战，击毙日伪军 30 多人，但抗日武装也遭到很大损失。突围时，为了让尽可能多的同志获救，赵一曼带领少数几个人殿后。在激战中，赵一曼手腕负伤。她和另外四名同志潜入小西北沟一家农舍里养伤，但被特务探知。11 月 22 日上午，日伪军包围了他们的驻地，在随后的激战中，两名同志牺牲，赵一曼的左大腿骨被打折，昏倒被俘。日伪军抓来两名老百姓，用一架担架把她抬下山，然后换了一辆牛车运往县城。

甘将热血沃中华

赵一曼被押解到了珠河县城。当时，伪滨江省警务厅特务科外事股长大野泰治正在珠河，他见赵一曼伤重，怕她很快死去，就连夜进行审讯。

面对凶残的日军，将生死置之度外的赵一曼忍着剧痛，怒斥日军侵略中国的各种罪行。大野泰治一看赵一曼不肯屈服，便不断地用马鞭狠戳她的枪伤伤口，而且是一点一点地用力拧动旋转着，并用皮鞋踢她的腹部、胸部和脸部，一共折腾了两个多小时。身负重伤的赵一曼表现出了一个共产党员坚强的意志和誓死抗日的决心，虽疼痛得几次昏厥，但仍坚定地说："我的目的，我的主义，我的信念，就是反满抗日。"没有说出一句有关抗联的情况。

1935 年 12 月 13 日，在敌人凶残的折磨下，赵一曼腿部的伤势恶化，生命垂危。日伪军为了能获得重要口供，将她送到哈尔滨市立医院进行监视治疗。赵一曼在住院期间，利用各种机会向看守她的警察董宪勋以及女护士韩勇义进行反日和爱国主义思想教育，两人被赵一曼深深的爱国情怀所感动，决定帮助赵一曼逃离日军魔掌。1936年6月28日，董宪勋和韩勇义借机将赵一曼背出医院，送上事先雇好的小汽车，几经辗转，赵一曼来到了阿城县境内金家窝棚董宪勋的叔叔家中。但不幸的是，6月30日，赵一曼在准备奔往抗日游击区的途中被闻讯追来的日军赶上，再次被俘。

这次被捕后，日本宪兵对赵一曼的拷打审讯进一步升级，他们企图利用这些曾令许多人发抖、丧失意志的酷刑而让赵一曼彻底就范。于是，他们对赵一曼用尽了人们闻所未闻、难以想象的各种酷刑：先是将她的十指钉满竹签，拔出来后，再用更粗更长的签子继续钉，最后改用烧红的铁签来扎；之后，他们将掺着小米和汽油的辣椒水一起往赵一曼的嘴里和鼻孔里灌，而且是将热辣椒水和凉汽油交替地灌；再然后，他们将烧红的烙铁直接摁在了赵一曼的胸部上；最后，他们使用了即使是身强体壮的男子汉也忍受不了的类似于凌迟般的酷刑——削肋骨！

敌人在施以酷刑的过程中，为了不让赵一曼昏迷，导致刑讯失效，他们先是用冷水泼，后来改用化学药水熏，再用酒精擦，还多次给她注射了大剂量的强心针和樟脑酊，强制将掺有咖啡因的盐水和含有高纯度甲基苯丙胺的葡萄糖液灌进她的嘴里，待赵一曼恢复清醒，精神亢奋后，再继续用刑。

在用尽这些酷刑都没有令赵一曼屈服后，伪滨江省公署警务厅的厅长涩谷三郎作出了最凶残的决定，他命令从日本本土运来最新式的专门针对女性设计的电刑刑具，要对赵一曼施以电刑。而且，他还特意指示行刑的日本特务不要有任何顾忌，可以直接电击赵一曼身体最脆弱、最敏感的部位……

据当年参与审讯的凶手描述，这场电刑断断续续持续了7个多小时，其中连续不断的剧痛，已超过了任何人所能忍受的极限。在受电刑的时候，赵一曼“口吐白沫，多次出现大小便失禁”，凄厉惨叫之声不绝于耳，“令人心悸的惨叫声忽起忽落，甚至不断发出一种间歇性的上滑颤音和下滑颤音，越来越惨烈，身体剧烈抖动”，“连胆汁也呕吐出来”，最后连被电极夹住的“乳头也开始慢慢焦黄，直至把两个乳晕焦成两个铜钱般大的黑瘢”；整个人浑身上下湿淋淋淌着汗水，舌头外吐，眼球突出，两眼变红，瞳孔微微放大，下嘴唇也被她自己的牙齿咬得烂糊糊的……

对于这样惨绝人寰的人类酷刑和赵一曼肉身所受到的极限伤害，任何人读了之后都会心有余悸，感到窒息！然而当年年仅31岁的女英雄赵一曼却始终坚贞不屈，以顽强的意志力承受住了最大的侮辱与磨难，挫败了敌人的阴谋毒计，战胜了身体和精神上的双重残酷而惨烈的考验。

经过近一个月的审讯，日寇一无所获，没有获得一点有关抗联的口供。日寇完全绝望了，他们在《关于审讯赵一曼女士效果的报告》(1936年7月29日滨警司暨特密4759号）中这样描述：“7月26日对赵一曼女士的电刑，操作准确，新式电刑器具功能发挥正常，给了赵一曼女士超负荷的最大压力。在长时间经受高强度电刑的状态下，赵一曼女士仍没招供，确属罕见，已不能从医学生理上解释。故审讯未取得理想效果，一是赵一曼女士有很高的文化修养和激昂的抗日态度，属顽固不化的思想犯；二是赵一曼女士已报定必死之决心，且意志之顽强令人难以置信，单纯审讯已无法改造其反满抗日的思想。”于是，7月末，伪滨江省警务厅决定把赵一曼送回她曾战斗过的珠河县处死“示众”。

赵一曼被游街示众后，与周百学一同处死。临刑前她让行刑

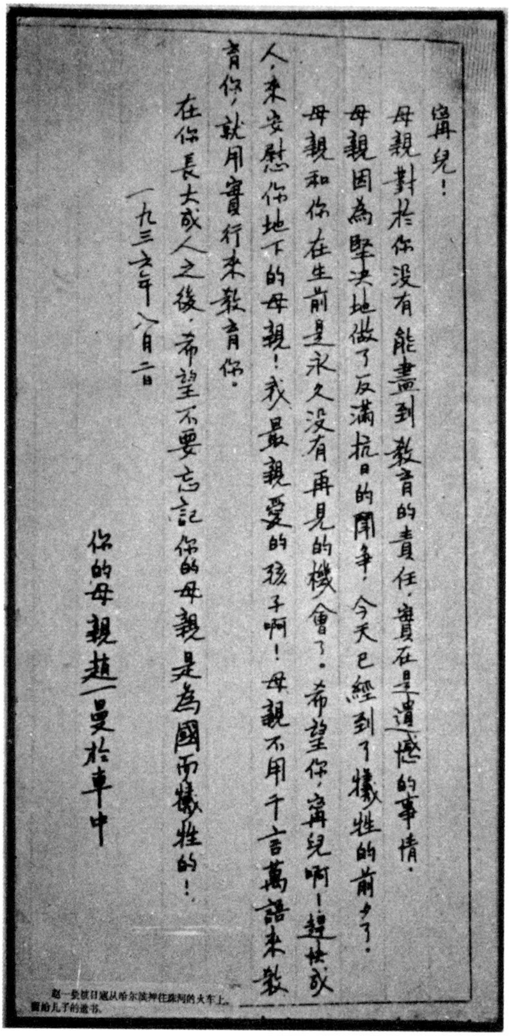

寧兒！

母親對於你沒有能盡到教育的責任，實在是遺憾的事情。

母親因為堅決地做了反滿抗日的鬥爭，今天已經到了犧牲的前夕了。

母親和你在生前是永久沒有再見的機會了。希望你，寧兒啊！趕快成人，來安慰你地下的母親！我最親愛的孩子啊！母親不用千言萬語來教育你，就用實行來教育你。

在你長大成人之後，希望不要忘記你的母親是為國而犧牲的！

一九三六年八月二日

你的母親趙一曼於車中

赵一曼被日寇从哈尔滨押往珠河的火车上，写给儿子的遗书。

赵一曼被日寇从哈尔滨押往漠河的火车上写给儿子的遗书

的人把脚镣取下来，说：“我死后，要到母亲那里去，戴着脚镣子走起路来不方便，给我把脚镣取下来。”脚镣被取了下来。枪声响了，两个人倒下了，野蛮的日本人竟让两位女性在行刑场曝尸数日，不许百姓收殓，尸骨被饥饿的野狗撕碎，尸骨无存。

几十年后，在自由的土地上，人们为赵一曼举行了“影葬”，将赵一曼生前的照片埋放在她殉难的土地上。赵一曼壮烈地牺牲了，世俗的生命被邪恶人为地扼杀了，但从另一方面说这也是新生命的开始，因为，像赵一曼这样的共产党人，以自己坚强的意志和对革命的必胜信念，唤醒了无数的后来人。她们的死，终于赢得了我们民族和人民的新生。

赵一曼牺牲前在火车上写下的那封遗书被存在日本人建立的档案里，那是写给儿子的遗书——

宁儿：

母亲对于你没有能尽到教育的责任，实在是遗憾的事情。

母亲因为坚决地做了反满（满洲国）抗日的斗争，今天已经到了牺牲的前夕了。

母亲和你在生前是永久没有再见的机会了。希望你，宁儿啊！赶快成人，来安慰你地下的母亲！我最亲爱的孩子啊！母亲不用千言万语来教育你，就用实行来教育你。

在你长大成人之后，希望不要忘记你的母亲是为国而牺牲的！

一九三六年八月二日

你的母亲赵一曼于车中

直到1956年，26岁的宁儿（陈掖贤）来到母亲赵一曼的殉难处，才亲眼看到了那封写给他的遗书。悲痛万分的陈掖贤，立刻找来蓝墨水，用钢针在自己的左小臂上重重地刻下了“赵一曼”三个字。直到陈掖贤去世，这三个字还深深地镌留在他的皮肉里。

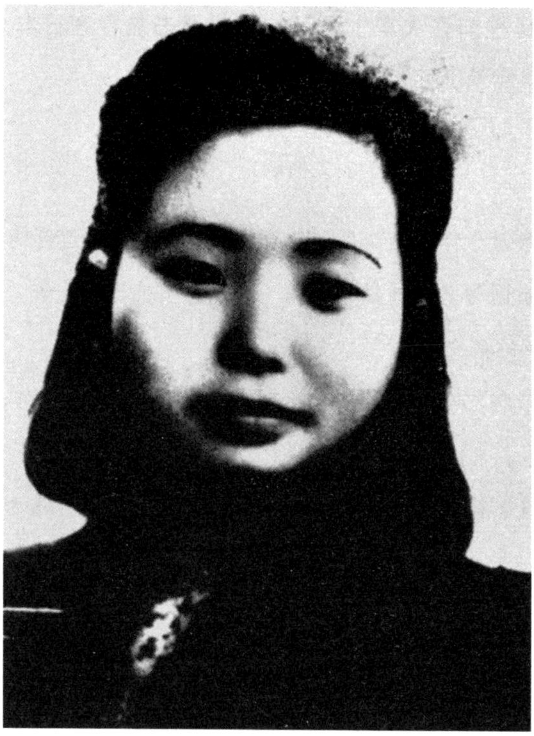

江　姐

红岩上红梅开——江姐

在革命斗争年代，有这样一位女性，所有的人，不论男女老少，都会尊称她为“江姐”。她就是牺牲于重庆“中美合作所”的烈士江姐——江竹筠。她的英雄事迹家喻户晓，她的传奇故事风靡中华大地，曾被写成经典小说《红岩》，并被改编为经典电影《烈火中永生》；她的光辉形象走入现代文学艺术的方方面面，包括音乐、舞蹈、戏剧、美术等等门类，“红岩上红梅开，千里冰霜脚下踩，三九严寒何所惧，一片丹心向阳开……”成为当时乃至今日深入人心的红色歌曲。江姐，是中国现代革命历史上一面鲜艳夺目的光辉旗帜！

少女的理想

江姐，本名江竹筠，1920 年出生于四川省自贡市大山铺江家湾的一个破落家庭。她的母亲自强坚韧，无法忍受丈夫的自甘堕落、游手好闲，于是携一双儿女投奔重庆的哥哥家，希望能凭自己的双手抚养儿女们长大成人。但是，在大城市生活无田可耕，进工厂做工又缺乏技能，几经辗转求人，她总算在一家织袜厂找到了工作。然而微薄的收入难以维持一家人的生计。无奈之下，江妈妈只好让年仅九岁的江竹筠也在袜厂当了一名童工。

江竹筠11岁那年，弟弟患上了软骨病，妈妈想让江竹筠退工回家照顾弟弟，但遭到厂方的拒绝，厂方提出如果要退工必须母女一起退。江妈妈一咬牙辞去了袜厂的工作。

这时，正好碰上江竹筠的舅妈生孩子，江妈妈提出给嫂子当保姆，不要工钱，但条件是能让一对儿女去学校读书。于是，江竹筠的舅舅通过在教会的关系和他在孤儿院做董事兼院长的身份，以“无父为孤”为由，将姐弟俩送入孤儿院附设的小学免费读书。由于知道自己读书的机会来之不易，所以江竹筠在学习上格外地勤奋刻苦，进校不久后便连升三级，受到老师们的普遍赞誉。

20世纪30年代初的中国，新旧思想碰撞，东西文化交汇，各种思潮对青年人的影响极大。学校里的教师大多是20多岁的青年人。他们的激情和正直给江竹筠以极大的感染，一些新思想、新文化也让江竹筠和她的同学们眼界大开。

1933年，共产党和红军的旗帜在大巴山区高高飘扬，四川各地党组织发动了策应红军的武装暴动。反动派对此惊恐万状，四川军阀疯狂勾结国民党军队围剿红军，大肆散布“共产党共产共妻”“共产党员是红眉毛、绿眼睛，杀人放火”等谣言。孤儿院当局和部分教员不仅听信谣言，还传播谣言，欺骗学生。但是，这类宣传反倒引起江竹筠和她的同学们对共产党的好奇。后来发生的一件事彻底改变了江竹筠对共产党的认识，也对她以后走上革命道路起到了决定性的作用。

1935年冬，江竹筠和同学们十分尊敬的丁尧夫老师被国民党中央军别动队抓走了，消息传开，整个学校都震动了。因为这名年轻的丁老师不仅是学校公认的优秀教师，也曾是一些高年级学生（包括江竹筠在内）崇拜的偶像。国民党的人说丁尧夫是共产党员，但这一说法无疑是给自己的一记耳光，因为之前他们所宣扬的“共匪”“怪物”之说，现在看来不是那么回事，反而是最优秀的人才是共产党员，才是好人，而抓捕和屠杀共产党员和人民大众的人，才是真正的坏人。经历这件事后，江竹筠心中油然而生这样的念头：要去寻找共产党，要做像丁老师那样的人，去改变这个处处充满丑恶与剥削的社会。

1936年秋，江竹筠考上了南岸中学，但一家人还是寄居在舅舅家，她的舅妈经常会无缘无故发脾气骂人，舅舅实在看不下去了，只好另找了一间房，让江妈妈领着竹筠姐弟搬了出去，并给了他们一点儿钱，让他们摆个小摊维持生活。此时的江竹筠既要上学、做家务，还要帮妈妈照顾生意，但这并没有影响到江竹筠的学业，她的成绩一直很优秀，年年获得奖学金。

1937年，抗战全面爆发，抗日高潮迅速在重庆掀起。江竹筠和同学们参加歌咏队、宣传队，演唱救亡歌曲，呼唤民众觉醒。在这一过程中，江竹筠的政治觉悟进一步提高。

1939年春，江竹筠考入爱国科学家、教育家何鲁办的中国公学附中读高中。沉静、稳重、好学的竹筠刻苦钻研功课，关心时事政治，热心社会公益活动。经过具有中共党员身份的同班女同学戴克宇的培养和介绍，同年夏，江竹筠正式加入中国共产党。入党后，江竹筠以学生、职员等身份和社会职业为掩护，认真努力地为党做着工作。

1941年，江竹筠考入当时由黄炎培创办的中华职业学校。作为一名年轻的共产党员，她隐瞒着自己的身份在学校秘密开展工作。

“皖南事变”发生以后，国民党极力封锁消息，致使重庆各大报纸未能报道事变的真相。这时，江竹筠接受了一个秘密任务：散发传单，揭露事实真相。江竹筠和其他进步学生连夜将传单散发到学校的各个角落。第二天一早，撒满传单的整个校园一片哗然，连一些平素不过问政治，甚至倾向国民党当局的学生，也开始纷纷指责国民党“不打日本鬼，专害自己人”的反动行径。

假夫妻变成了真伴侣

1943 年 4 月，江竹筠接受了一项“特别”的任务，党组织要她以假妻子的身份，配合地下党重庆市委领导人之一的彭咏梧开展工作，主要任务是负责通信联络。当时彭咏梧的公开身份是中央信托局的中级职员，因没有家眷，只能住在十几个人的单身集体宿舍，这对开展地下工作非常不利，存在着极大的不便和风险。恰巧在这时，中央信托局刚修好职工宿舍，因此组织上决定让彭咏梧以家属要来的理由申请分房，并派江竹筠以“妻子”的名义去协助他工作。

起初，他们二人只有夫妻之名，而无夫妻之实，只是一种领导与被领导、上级与下级之间的工作关系。但这对 23 岁的江竹筠来说，也是一个极大的考验，因为每每有人称呼她为“彭太太”时，她常常会反应不及，忘记自己“已为人妻”，这样很容易就会暴露自己的真实身份。为了更好地投入工作，江竹筠极力让自己适应这一新角色，不断强化自己“彭太太”的身份。

于是，在生活上，江竹筠会尽量照顾好自己的这位“丈夫”。当彭咏梧工作到深夜时，她就把煮好的莲米汤送到他的桌上；当彭咏梧生病时，她会为他煎药，无微不至地照顾他。而彭咏梧对自己的“妻子”也是爱护有加，在邻居们眼中，彭咏梧是一位“模范丈夫”，除了必要的应酬外，他总是下班就回到家里，家里的重体力活，他总是抢着干。人们还经常看到他们手挽手，有说有笑地出去散步。

为了把这出假戏做真，江竹筠还常常将“丈夫”彭咏梧介绍给自己的亲朋好友，闲暇时还将亲朋好友约到家里聚会。当着别人的面，她会亲热地叫彭咏梧“四哥”，而彭咏梧也亲热地称她“竹”。人们都以为他俩是一对真夫妻，就连江竹筠的母亲也一直以为彭咏梧就是自己的女婿。

在工作中，江竹筠能够积极地配合自己的这位“假”丈夫、“真”领导，不断学习党的各种文件和彭咏梧的革命斗争经验，有不懂的地方，便向他虚心求教。彭咏梧也会不厌其烦地向她说明解释，帮助她进步。二人配合十分默契，不断地完成组织上交给他们的各项艰巨任务。

随着时间的推移和斗争环境的日益复杂化，二人心中其实已悄悄地生出一种特殊的“爱人”情愫，对待彼此也不再仅仅看作是一起革命的同志，而更多的是把对方当作可以依靠的亲人。但由于彭咏梧本是有家室之人，而且并没有得到组织上的首肯，所以二人只能默默地保持这种“假夫妻”的身份，不敢越雷池半步。

1944 年春天，一个意外的变故突然发生了。江竹筠同好友何理立一道去《新华日报》营业部买苏联小说《虹》，当她们从报社出来后，被特务跟踪上了。尽管二人设法摆脱了跟踪，但党组织得知这一情况后，为了保障市委机关和她们个人的安全，决定让她俩转移到成都工作。到成都以后，江竹筠根据组织安排，努力考入了四川大学。这里号称民主堡垒，相对安全，而彭咏梧则经常以丈夫的名义去看望并布置工作。

1945 年，根据长期的观察和考验，党组织认为彭咏梧和江竹筠二人能够出色地完成各项任务，并且互敬互爱，具有结合在一起的基础，于是根据当时斗争工作的需要，特批准江竹筠与彭咏梧正式结婚，组成正式的家庭。这对假夫妻终于成为真伴侣，继续工作在斗争的最前线。一年后，他们的儿子彭云降生了，但由于做地下工作的紧迫性和危险性，家里又不允许请保姆，夫妻俩便不得不将未满周岁的孩子寄养在他人家里。

自从江竹筠成为彭咏梧的夫人，为了更加隐蔽地开展地下工作，需要隐名换姓，而周围的同志出于对江竹筠的尊敬，渐渐地，人们便不分长幼地称呼她为“江姐”。

1947 年底，江姐和彭咏梧先后乘船顺长江东下奔赴下川东农村武装斗争的前沿——云阳、万县等地开展工作。不久，组织上交给江姐一项新的任务，让她回重庆调一批知识分子干部输送到乡下，参加暴动的组织和宣传工作。未曾想，此次一别竟是与丈夫的永别。1948 年 1 月 16 日，因情况骤变，暴动被迫提前，彭咏梧在与敌人的遭遇战斗中不幸牺牲，敌人砍下他的头颅，悬挂在竹园坪场的城楼上示众。

得知这一消息后，江姐心如刀绞，悲痛万分，但为了工作，她不得不镇定下来，保持坚强。江姐向组织上提出了重返下川东工作的要求，但临委领导考虑到江姐的孩子太小，需要她照顾，并且她如果重返下川东，很容易暴露，便再三要她留在重庆工作，可是她坚持要再去下川东。她对领导说：“这条线的关系，只有我熟悉，别人代替有困难。再说，我也不愿意离开那些死了的与活着的战友，我应该在老彭倒下的地方继续战斗。”临委最终同意了她的要求。江姐再次告别山城重庆，重返下川东。临走之前，江姐把自己的家具什物全部送给了别人，甚至连结婚时置办的衣柜也送给了她的同志。她决心在丈夫牺牲的地方战斗到底。

“中国的丹娘”

江姐到万县后，因暴动地区风声很紧，中共川东临委和下川东地工委让她暂时留在万县，参加县委工作，协助做暴动地区的联络和善后工作。不料就在此时，中共地下党重庆市委副书记冉益智在重庆被捕投敌，由于他的出卖，中共下川东地工委书记涂孝文也随即被捕。之后，涂孝文在敌人的威逼利诱下叛变，出卖了万县、开县和宜昌的大批同志。1948 年 6 月 14 日，江姐在万县法院附近被捕。

江姐被国民党特务从万县乘船押回重庆后，关进了渣滓洞监狱。叛徒涂孝文向敌人告密说下川东农村情况都掌握在彭咏梧一人手里，而江姐就是彭咏梧的妻子和助手，于是，特务们将江姐作为查清川东暴动的重要突破口。

刚刚入狱第二天，江姐便被抓去审问，一开始，敌人试图通过利诱来问出中共在重庆的网络和下一步工作，但江姐正义凛然，严厉呵斥道：“不要拿高官厚禄来诱惑我，我是个共产党人，我爱的是共产主义，而不是你们的钱和权力。”敌人见状，便露出其凶恶的真面目，对江姐实施了各种酷刑——老虎凳、吊索、带刺的钢鞭、撬杠……面对穷凶极恶的反动分子的严刑逼供，江姐几次昏厥。醒来后，听到打手们狼嚎般的狂叫，她稍稍缓过神来，平静地回应：“上级的姓名、住址我知道，下级的姓名、住址我也知道。这些都是我们党的秘密，你们休想从我口里得到任何材料！”丧心病狂的反动分子扑上去又是一顿毒打，不同的刑具轮番使用，但结果还是一无所获。新中国成立后，参与当时审问江姐的反动分子被捕后交代说：“当时江姐的英雄品格和钢铁般的意志深深地震撼了在场的所有人，虽然是我们在用刑，但当时心里恐惧的是我们，不是江竹筠。”可见江姐大无畏的革命英雄气概是多么的令人景仰和可歌可泣。

江姐在渣滓洞被关了一年之久，受尽了各种惨无人道的折磨，其中受到最严重的刑罚莫过于竹签刺手指。那一天，在潮湿阴暗的渣滓洞中，江姐照例被拖到审讯室审问，反动派见老虎凳、辣椒水都无济于事，便想出了更为凶残的刑罚——用竹签刺手指，将指甲撬起！十指连心，每一次行刑江姐都几乎昏厥，那股钻心的疼痛一次又一次地攻击和考验着江姐钢铁般的意志。

与江姐同时被捕的刘德彬被关的监室正对着监狱审讯室外的小花园，他能够看见江姐受刑后被拖回牢房时浑身上下血肉模糊的惨状。刘德彬提议用五室全体难友的名义给江姐写了一封慰问信：“亲爱的江姐，一个多月来的严刑拷问，更显示出你对革命的坚贞。我们深深地知道，一切毒刑只有对那些懦夫和软弱动摇的人，才会有效；对于一个真正的共产党员，它是不会起任何作用的。当我们被提出去审问的时候，当我们咀嚼着两餐霉米饭的时候，当我们半夜里被竹梆声惊醒过来、听着歌乐山上狂风呼啸的时候，我们想起了你，亲爱的江姐，我们向党保证，在敌人面前不软弱，不动摇，决不投降，像你一样勇敢、坚强……”由于江姐最崇拜苏联的女英雄“丹娘”,所以狱中难友们把她称为“中国的丹娘”。

因为审讯时敌人用过很多刑具，在江姐面前全都无效，这时有人提议，把江姐全身扒光，看她会怎么样，并且说完就要动手。就在这时，一直咬牙忍受、默无一言的江姐突然爆发了！她严厉怒喝：“你们要干什么？你们太卑鄙、太无耻了！想侮辱我吗？想用这种卑鄙伎俩达到目的吗？简直是痴心妄想！要知道，你们侮辱的不是我，是所有妇女！你们在向人类挑战，你们就是地地道道的禽兽！来吧，你们来扒光我的衣服吧！过来仔细看看，看与你们的母亲、妻子、姐妹和女儿有什么不同。你们这些猪狗不如的东西，你们要侮辱的不只是我，是你们的姐妹、你们的妻子、你们的母亲，是天下所有妇女！你们这样下流，还能算是人吗？无耻啊，你们这些猪狗不如的东西！”在场的所有人都彻底惊呆了，谁也说不出一句话。最后，反动派头子摆摆手，让把江姐拖下去，这场审讯就此收场。

1949 年，在渣滓洞监狱内，解放军胜利的消息不断传来。江姐等革命志士对革命胜利抱定了信心，但他们也隐约感到敌人会在失败前进行疯狂的大屠杀。江姐此时心中最为担心的就是尚未长大的儿子。1949 年 8 月 26 日，拖着受刑后还没有完全康复的右手，江姐在狱友们的帮助下，将吃饭时偷偷藏起的筷子磨成竹签，蘸着由烂棉絮灰与水调和在一起制成的“墨水”，在如厕用的毛边纸上，艰难地给表弟谭竹安写了一封书信：

> 我们有必胜和必活的信心，自入狱日起（上一年 6 月），我就下了两年坐牢的决心，现在时局变化的情况，年底有出牢的可能……我们在牢里也不白坐，我们一直是不断地在学习……我们到底还是虎口里的人，生死未定……假若不幸的话，云儿（指江竹筠、彭咏梧两烈士的孩子彭云）就送给你了，盼教以踏着父母之足迹，以建设新中国为志，为共产主义革命事业奋斗到底。孩子们决不要骄（娇）养，粗服淡饭足矣……

这封信也成了江姐留给亲人的绝笔。

没过多久，1949 年 11 月 14 日，江姐被敌人残害致死，为共产主义理想献出了自己年仅 29 岁的年轻生命。

江姐牺牲之时，五星红旗已经在大半个中国高高飘扬，江姐虽未能见到新中国的国旗，但她圣洁的理想之花，已经在鲜艳的国旗下绽放。

刘胡兰画像

“生的伟大，死的光荣”——刘胡兰

1947年1月12日上午，在山西省文水县云周西村村南观音庙西厢房内，发生了这样一幕特殊的“审讯”：

人物：刘胡兰、大胡子（真名：张全宝）。

大胡子：“你叫个胡兰子？”

刘胡兰：“我就是刘胡兰。”

大胡子：“你村村长是谁杀的？”

刘胡兰：“不知道！”（大声回答）

大胡子：“你给八路做过些什么工作？”

刘胡兰：“我什么都做过！”

大胡子：“这一阵你和八路军是怎么通信的？”

刘胡兰：“没通过信。”（刘胡兰摇头说）

大胡子：“你最近和哪些共产党员见过面？”

刘胡兰：“没和谁见过面。”（刘胡兰还是摇摇头回答）

大胡子：“现在有人供出你是个共产党员！”（突然拍桌子吼叫）

刘胡兰：“说我是共产党员，我就是共产党员！”（刘胡兰昂首回答）

大胡子：“你们村里还有谁是共产党员？”

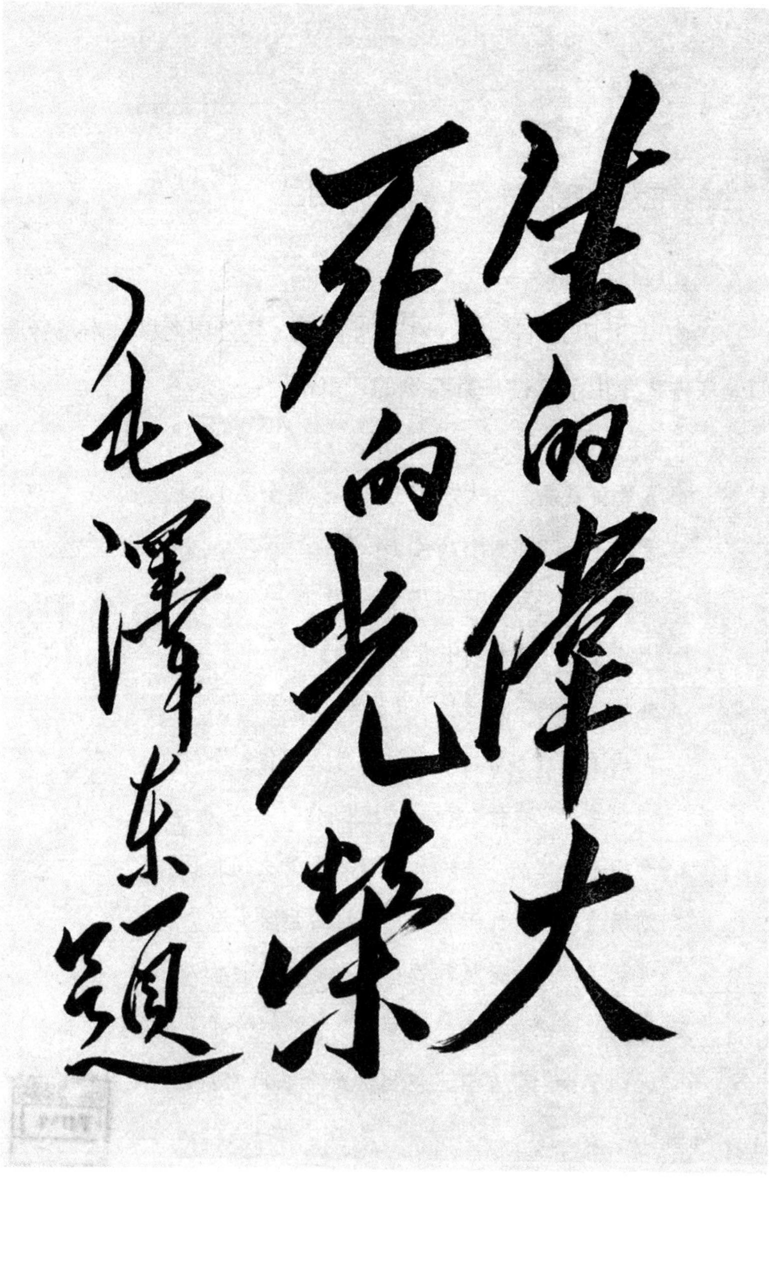

毛泽东同志为刘胡兰的题词

刘胡兰：“就我一个！”

大胡子：“你为啥要参加共产党？”

刘胡兰：“因为共产党为穷人办事。”

大胡子：“你‘自白’吧，你‘自白’了，我就放了你，也给你一份土地。”（奸猾地笑）

刘胡兰：“你给我个‘金人’，也不‘自白’！”（愤怒地）

大胡子：“你小小的年纪好嘴硬啊！你就不怕死？”（敲桌子大吼）

刘胡兰：“怕死不当共产党！”（上前一步，怒视大胡子，斩钉截铁地说）

大胡子：“你就不怕可惜了你十几岁的年纪？刘胡兰，只要你当众说上句‘今后不再给共产党办事’，我就放了你。”（假惺惺地，态度变缓）

刘胡兰：“那可保不住，要杀就杀，要砍就砍，再活十几年，我还是这个样！”（顶着说）

大胡子：“绑出去铡了！”（气得狂叫）

几个匪军一拥而上，动手捆绑刘胡兰。

刘胡兰：“绑松一点！跑不了！”（轻蔑地，嘲笑）

刘胡兰被押到大门口。

大胡子：“停下！”（仍抱幻想）

刘胡兰：“还是那事？不用谈了！”（转头冷冷地说）

说罢，刘胡兰带着不屑的神情，大踏步地走向了刑场。身后跟着的是紧捯着碎步的国民党军。

以上一幕，并不是电影表演，不是独幕话剧，不是小说创作，更不是野史传说，这是共青团山西省委于1958年至1960年，历经一年多时间，遍访分散在新疆、湖南、四川、湖北、北京等地的刘胡兰生前的亲属、领导、战友、同学、同乡、小伙伴等近七十余人，查阅了大量出卖与杀害刘胡兰烈士的叛徒、凶犯口供后核实的情况记录。

刘胡兰，女，山西省文水县云周西村人，1932 年 10 月 8 日出生在一个贫苦的农民家庭。刘胡兰原名刘富兰，母亲早亡，父亲刘景谦续娶胡文秀为妻。胡文秀将刘富兰名中的“富”字改为自己姓氏的“胡”，从此更名“刘胡兰”。

刘胡兰从 12 岁起就已参加村里组织的抗日救国儿童团，和小伙伴们一起为八路军站岗、放哨、送情报。有一次，八路军包围了敌军的一个团，战斗打得非常惨烈，县妇女部长奉命组织民兵担架队支援前线。小刘胡兰和几名妇女也要参加此次行动，部队首长劝阻她们：“前方正在打仗，很危险。”刘胡兰果敢回答道：“战士们都不怕，我们是女民兵，也不怕！”而且，她们到了前线后，表现得也是十分勇敢，不但为伤员们包扎伤口，还帮助战士们运送弹药，一直忙到天黑，直到战斗结束才撤回来。这时的刘胡兰才 13 岁！之后不久，刘胡兰又参加了中共文水县委举办的“妇女干部训练班”，学习了一个多月。回村后，她担任了村妇女救国会秘书，积极组织妇女识字学文化，宣传革命思想，带领妇女纺线织布、做军鞋、救护伤员、学习军事技术、参战支前等。1946 年 6 月，刘胡兰成为中国共产党候补党员。不久，她又参加了区委组织的土地改革工作组，回云周西村领导土改运动，正确地执行党中央的方针政策，出色地完成了各项革命任务。

1946 年，国民党撕毁和平协议，全面内战爆发。到了下半年，国民党军队由全面进攻转为重点进攻，阎锡山趁我军转战山西西部之机，调集近万人的兵力对晋中地区进行“扫荡”，声称要“水

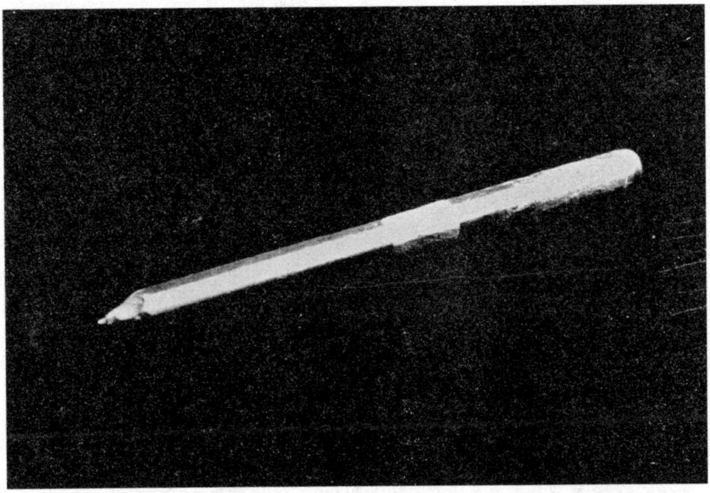

这支铅笔是刘胡兰参加革命后，自己买来工作学习时使用的。她生前一直珍惜使用、完好保存着这支铅笔。新中国成立后，1950 年 3 月中央人民广播电台派人到云周西村采访刘胡兰的英雄事迹时，刘胡兰的父亲刘景谦将这件文物捐赠给国家。

刘胡兰烈士生前用过的小桌。1954 年，刘胡兰的母亲胡文秀将这件文物捐献给国家。

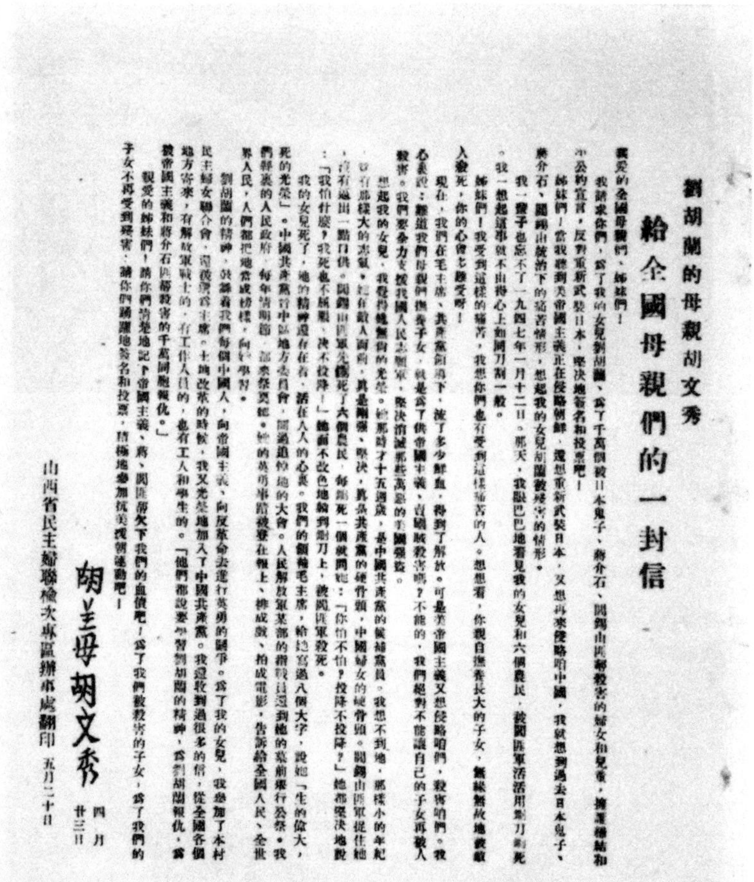

劉胡蘭的母親胡文秀

給全國母親們的一封信

親愛的全國母親們、姊妹們！

我請求你們，爲了我的女兒劉胡蘭、爲了千萬個被日本鬼子、蔣介石、閻錫山匪幫殺害的婦女和兒童，擁護締結和平公約宣言，反對重新武裝日本，堅決地簽名和投票吧！

姊妹們！當我聽到美帝國主義正在侵略朝鮮，還想重新武裝日本，又想再來侵略咱中國，我就想到過去日本鬼子、蔣介石、閻錫山統治下的痛苦情形，想起我的女兒胡蘭被殘害的情形。

我一輩子也忘不了一九四七年一月十二日。那天，我眼巴巴地看見我的女兒和六個農民，被閻匪軍活活用鍘刀鍘死。我一想起這事就不由得心上如同刀割一般。

姊妹們！我受到這樣的痛苦，我想你們也有受到這樣痛苦的人。想想看，你親自撫養長大的子女，無緣無故地被敵人殺死，你的心會怎樣受呀！

現在，我們在毛主席、共產黨領導下，流了多少鮮血，得到了解放。可是美帝國主義又想侵略咱們，殺害咱們。我心裏說：難道我們母親們撫養子女，就是爲了供帝國主義、賣國賊殺害嗎？不能的，我們絕對不能讓自己的子女再被人殺害。我們要全力支援我國人民志願軍，堅決消滅那些萬惡的美國强盜。

想起我的女兒，我覺得她無尚的光榮。她那時才十五週歲，是中國共產黨的候補黨員。我想不到她，那樣小的年紀，會有那樣大的志氣，在敵人面前，真是剛强、堅決，真是共產黨的硬骨頭，中國婦女的硬骨頭。閻錫山匪軍捉住她，沒有逼出一點口供。閻錫山匪軍先鍘死了六個農民，每鍘死一個就問她：「你怕不怕？投降不投降？」她都堅決地說：「我怕什麼？我死也不屈服，決不投降！」她面不改色地躺到鍘刀上，被閻匪軍殺死。

我的女兒死了，她的精神還存在着，活在人人的心裏。我們的領袖毛主席，給她寫過八個大字，說她「生的偉大，死的光榮」。中國共產黨晉中區地方委員會，開過追悼她的大會。人民解放軍某部的指戰員還到她的墓前舉行公祭。我們縣裏的人民政府，每年清明節，都要祭奠她。她的英勇事蹟被登在報上、排成戲、拍成電影，告訴給全國人民、全世界人民，人們都把她當成榜樣，向她學習。

劉胡蘭的精神，鼓舞着我們每個中國人，向帝國主義、向反革命去進行英勇的鬥爭。爲了我的女兒，我參加了本村民主婦女聯合會，還被選爲主席。土地改革的時候，我又光榮地加入了中國共產黨。我還收到過很多的信，從全國各個地方寄來，有解放軍戰士的，有工作人員的，也有工人和學生的。「他們都說要學習劉胡蘭的精神，爲劉胡蘭報仇，爲被帝國主義和蔣介石匪幫殺害的千萬同胞報仇。」

親愛的姊妹們！請你們清楚地記下帝國主義、蔣、閻匪幫欠下我們的血債吧！爲了我們被殺害的子女，爲了我們的子女不再受到殘害，請你們踴躍地簽名和投票，積極地參加抗美援朝運動吧！

胡蘭母胡文秀　四月廿三日

山西省民主婦聯榆次專區辦事處翻印　五月二十日

山西省民主妇联榆次专区办事处翻印的

《刘胡兰的母亲胡文秀给全国母亲们的一封信》传单

漫平川”。当地的地主武装“奋斗复仇自卫队”也乘机猖狂反扑，文水地区形势迅速恶化。这时，县委为保护同志，要求大家分批转移上山，但刘胡兰坚决要求留下来坚持斗争。她认为自己年龄小，不会引起敌人的注意，而且熟悉当地的情况，便于开展工作。在她的坚持下，组织上批准了她的请求，让她留在了村里。

此前，云周西村村长石佩怀是阎锡山委派的，为阎军征集粮款，递送情报，成为当地一害。1946 年 12 月的一天，刘胡兰和她的战友们联络了武工队，秘密处决了石佩怀，为民除了害，极大地鼓舞了人民群众的斗志。但是，石佩怀被杀，也引起了敌人的极度恐惧和仇视。在反动地主的配合下，阎军进行了疯狂的报复，突袭云周西村，把村农会秘书石五则抓了起来，同时被抓的还有党的地下交通员石三槐、民兵石六儿等人。面对敌人的严刑拷打，石五则为了保全自己的性命，供出了村里的其他共产党员，出卖了革命同志。

在这严峻的形势下，1947 年 1 月 11 日深夜，刘胡兰接到上级通知，要她次日离开云周西村，迅速转移。可是，就在 12 日的拂晓，刘胡兰还未来得及动身，阎匪七十二师一营二连连长许得胜的人马突然包围了云周西村，并封锁了各个路口。敌人鸣锣召集全村群众到村南的观音庙前开会。转移已不可能，为了不连累大家，刘胡兰毅然跟随人群向观音庙走去。

当刘胡兰来到观音庙前场地时，敌人已逮捕了六名村里的积极分子。一个“复仇队员”认出了刘胡兰，威逼利诱她去“自白”。刘胡兰轻蔑地看了他一眼，什么话也没说。她已清楚地意识到一场严峻的考验就在眼前。她镇静地把奶奶给的银戒指、八路军连长送的手绢和作为入党信物的空万金油盒——三件宝贵的纪念品偷偷交给了继母胡文秀。这时，敌人已扑进人群，把刘胡兰抓了出来，推进庙里。于是，便有了本文开头的那一幕“审讯”。

在“审讯”几位同志无果的情况下，气急败坏的敌人残忍地将石三槐等五人用铡刀铡死。然后，“大胡子”走到刘胡兰面前，问道：“你怕不怕？‘自白’不‘自白’？”刘胡兰眼睛里冒着怒火，坚决地回答：“我死也不屈服，决不投降！”刘胡兰站在刑场中央，她慢慢地把头转向继母和亲人们的方向，深情地看了一眼，算是作最后的道别。匪兵强行把刘胡兰的头扭转过来，不让她看着亲人们。

刘胡兰愤怒地瞪着“大胡子”，大声喝道：“我咋个死法？”“大胡子”恶狠狠地指指那五位身首分离的烈士说：“一个样！”敌人再次威逼村民充当刽子手，但是没人响应，于是他们再次架起机枪，企图伤害村民。刘胡兰见状厉声喝道：“我一个人死好了，不能叫众人死！”说罢，“腾腾腾”地走到铡刀跟前，从容地躺在洒满烈士鲜血的冰冷的铡刀上。

刽子手还是叛徒石五则，铡刀下的刘胡兰面朝乡亲们，一双大眼睛一眨一眨地、深情地望向她的亲人们，石五则心生胆怯，他抓了把稻草，盖在刘胡兰的脸上，但被刘胡兰扯了下来。全场顿时骚动，目睹者无不肃然起敬。

铡刀落下了。刘胡兰，这位中国共产党的优秀党员，人民的好女儿，为共产主义的信仰献出了她年轻的生命。她死时尚未满15周岁，是迄今为止已知的中国共产党女烈士中年龄最小的一位。

“生的伟大，死的光荣”——毛泽东的两次题词

刘胡兰牺牲后不久，文水县地区获得了解放。1947年2月4日至18日，延安各界慰问团在文水县活动期间，副团长张仲实在

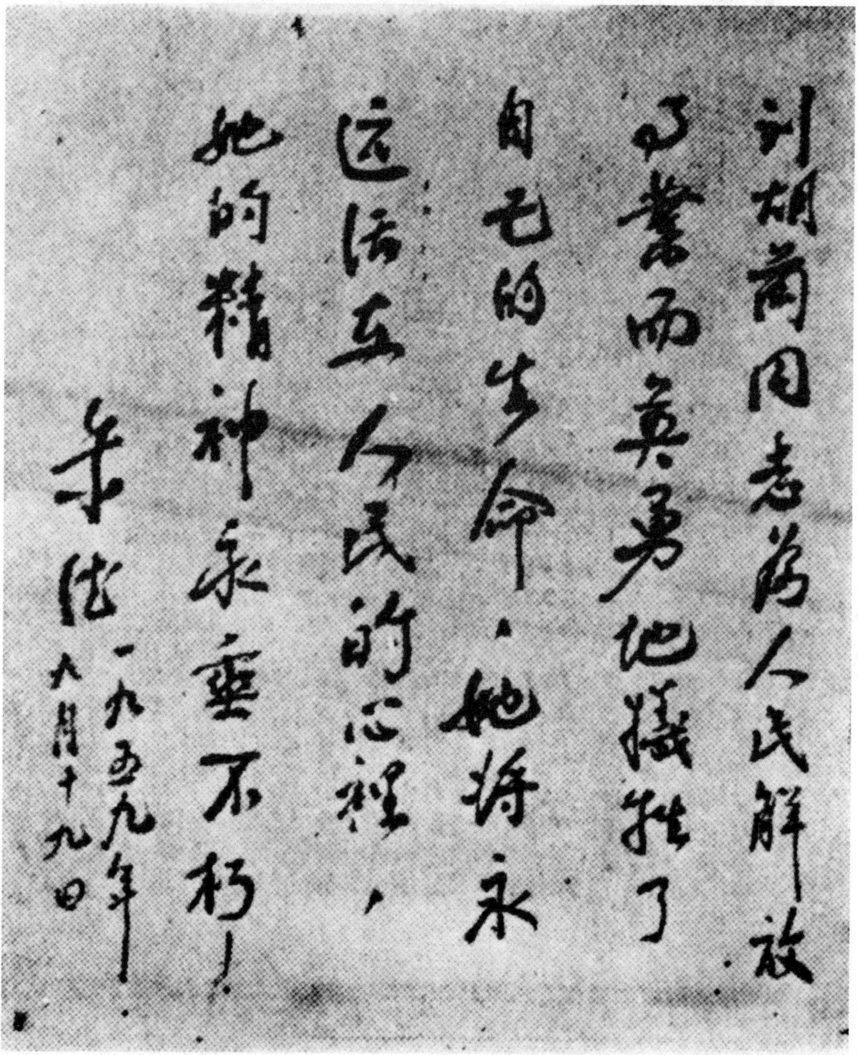
刘胡兰同志为人民解放
事业而英勇地牺牲了
自己的生命，她将永
远活在人民的心里，
她的精神永垂不朽！
朱德　一九五九年
九月十九日

1959 年 9 月 19 日，朱德同志为刘胡兰烈士陵园题词。

国民党阎锡山部队杀害刘胡兰等同志用的铡刀。1947 年 1 月 12 日，刘胡兰等七名革命人士被阎锡山部下用铡刀残忍杀害。据当地村民石占民回忆，当时在“审讯”刘胡兰等人的现场，一共摆放着三口铡刀，其中的一口就是国民党军从他家强行征用的。七位烈士相继牺牲在三口铡刀之下。1952 年前后，国家有关人员在当地村公社负责人的带领下，到石占民家里征集了这把铡刀。如今这把铡刀完好地保存于国家博物馆，见证着刘胡兰烈士当年在敌人威胁之下不屈服、不畏惧，英勇牺牲的事迹。

新中国成立后，在 1951 年的镇压反革命运动中，张全宝被运城县公安局干警抓获，经审讯，张全宝对杀害刘胡兰等七名烈士的罪行供认不讳，并交代了其他罪行。公审之后，张全宝被执行就地枪决，杀害革命烈士的凶手终于得到应有的惩罚。图为张全宝等恶犯在接受公审。

报上看到刘胡兰英勇就义的消息后被深深感动，当即向吕梁区党委副书记解学恭了解烈士的生前事迹和被捕就义的详情，并派人到云周西村村民中进行调查核实。之后，张仲实表示一定要将刘胡兰的英雄事迹向党中央汇报，并请毛泽东主席题词纪念。

1947 年 3 月，张仲实返回陕甘宁边区子长县，向任弼时同志汇报了刘胡兰英勇就义的事迹，并说："最好请毛主席写个匾或题几个字。"3 月下旬，在毛泽东带领中共中央机关转战陕北途中，任弼时向他汇报了小英雄刘胡兰的事迹，毛泽东听后深受感动，当即挥笔写下"生的伟大，死的光荣"八个大字。毛泽东为刘胡兰的这个题词，于同年 4 月下旬的一天，通过内部交通辗转送到文水县，县长徐光远把这个题词交给区长陈德照并转交给了刘胡兰的继母胡文秀，但颇为遗憾的是，此稿因后来的战争原因不慎遗失。

1956 年 12 月，共青团山西省委作出纪念刘胡兰就义十周年的决定，同时恳请毛泽东主席为刘胡兰烈士重新题词，同年 12 月底，团省委宣传科长杨小池带着恳请毛主席为刘胡兰烈士重新题词的报告来到北京，辗转由中共中央办公厅将此报告呈交毛主席。1957 年 1 月 9 日，毛主席第二次为刘胡兰题写了"生的伟大，死的光荣"八个苍劲有力的大字，题词于 1 月 12 日早晨送到云周西村。

毛泽东为同一个人两次题词，这在我党历史中，还是绝无仅有的。这份题词目前完好地珍藏于山西省档案馆。

小英雄亦有真性情

因为刘胡兰从小长得漂亮，做事干练，乡亲们都有耳闻，邻村陈德邻的父亲就托人来说媒提亲。陈德邻是个进步青年，不但人长得英俊，而且还积极参与抗日工作，因此刘胡兰的家人很满意，就同意了这门婚事。但当时的陈德邻在外边已经有了对象，他从县上回来听说此事后，找刘胡兰说明了情况，二人同属进步青年，都主张自由恋爱，于是便各自回家劝说父母解除了婚约。

1946 年 6 月，刘胡兰加入了中国共产党。这时，又有人前来刘家提亲，这次是邻居家为在外地当学徒的儿子提亲。因男方当时在太谷县当学徒不常回家，而且刘胡兰的入党介绍人曾针对该人复杂不明的政治背景提醒过刘胡兰，因此刘胡兰以不了解男方真实情况为由而果断地加以拒绝。

1946 年 10 月，刘胡兰遇上了王本固，这是她人生中最重要的一份情感。当时已是八路军连长的王本固因病在云周西村疗养，刘胡兰被安排去照顾他。刘胡兰因此常去为王本固做饭、敷药，接触多了，两人有了一定的感情。由于当时的战争环境险恶，加之刘胡兰年纪尚小，她与王本固尚未论及婚嫁。当时王连长只把一条毛毯、一支钢笔和一副眼镜送给刘胡兰家，算是定亲的信物。伤好归队时，他又送给刘胡兰一块小手绢留作纪念。这段感情终因刘胡兰的牺牲而告终，刘胡兰临刑前把这块手绢当成最珍贵的物件交给了继母。

对于 15 岁的小刘胡兰来说，她还是个未成年人，有过这样的感情经历，因此被当今的一些人视为“早恋”而颇多微词。客观来讲，如果说刘胡兰的情感经历有点“早”，并不为过，但是对于一个生于中国旧社会的女子来说，15 岁的年纪，在“父母之命、媒妁之言”的包办婚姻制度下，或许早已为人妻母了。然而刘胡兰在小小的年纪便能追求进步，追求自由，反对包办婚姻，毅然解除之前的两段婚约，这在当时来说，已属难能可贵。而在那个贫穷动

1947年2月，山西《晋绥日报》刊登了刘胡兰英勇牺牲的消息，刘胡兰的名字在华北大地不胫而走。此后，各地纷纷举办各种形式的纪念活动以纪念这位女英雄的事迹。图为群众纪念刘胡兰现场。

荡的年代，少女对军人是怀有特殊的感情的，她与革命军人王本固产生情愫，亦可说明她对革命和爱情的执着追求。我们不难设想，若不是刘胡兰为革命而过早牺牲，二人或可成就一段军旅夫妻的美名佳话。

无情未必真豪杰！对于 15 岁的小刘胡兰来说，她在面对凶恶残暴的敌人时意志坚强，毫不畏惧，毅然决然傲视死亡，这或许正是源于她对祖国人民的热爱，源于她对民族解放事业的执着追求！而对于我们今天这个时代以及这个时代的青年人来说，我们应当学习刘胡兰怎样的革命精神，应当从刘胡兰的事迹中汲取怎样的精神力量呢?

第三章

那些永不消逝的『老番号』

狼牙山五壮士、平型关大战突击连、刘老庄连、八女投江

2015年9月3日，中国人民政府在天安门广场上举行了盛大的纪念中国人民抗日战争暨世界反法西斯战争胜利70周年阅兵式。在阅兵场上，10个以英模部队名称命名的徒步方队备受世人瞩目。这是新中国成立后举行的第15次阅兵，也是首次以英模部队名称命名受阅方队的阅兵。

“狼牙山五壮士”英模部队、“平型关大战突击连”英模部队、百团大战“白刃格斗英雄连”英模部队、夜袭阳明堡“战斗模范连”英模部队……在抗战烽火中，这些英雄部队个个赤胆忠诚、英勇善战、壮怀激烈、视死如归，立下了不朽的功勋。今天，一个个饱含先烈精神、部队荣誉的英雄番号继续高举，续写着先辈的辉煌，激励着后人创造新的传奇。

让我们一起回顾和见证那些永不消逝的“老番号”的前世今生。

狼牙山五壮士

1941 年秋，数千名日伪军突然对我河北省易县狼牙山地区进行大“扫荡”，我晋察冀一分区一团七连六班的五名勇士为掩护大部队和群众转移，一边阻击敌人一边撤退，最终把敌人引向狼牙山棋盘坨的悬崖绝壁，在打死几十名敌人、弹药全部打光之后，他们高呼“中国共产党万岁”“打倒日本帝国主义”的口号，纵身跳下悬崖。其中三人壮烈牺牲，两人被山腰的树枝挂住，幸免于难。他们宁死不屈、血战到底的英雄气概，激励了无数的抗日军民。这就是著名的《狼牙山五壮士》的英雄故事，曾经被编入小学的语文课本之中，教育了一代又一代的少年。

2005 年 3 月 21 日，随着狼牙山五壮士的最后一位幸存者葛振林同志因病逝世，引发了人们对葛振林及其他几位壮士的无限怀念。然而，近几年来，国内外诋毁五壮士英雄事迹的杂音却不断出现：有人把五壮士跳崖说成是“溜崖”；有人说，五壮士在饥饿之时，拔了乡亲们的萝卜吃；还有人说，当时负责阻击敌人的其实是六个人，还有一个叫吴希顺的副班长，后来投降敌人，被气急败坏的日军用刺刀挑死；甚至还有人说，狼牙山五壮士实际上是几个土八路，当年逃到狼牙山一带后，用手中的枪欺压当地村民，引起当地村民不满，后来村民将这五个人的行踪告诉日军，又引导这五个人向绝路方向逃跑；等等。综观这些说法，无非是某些

革命历史题材巨制《狼牙山五壮士》，油画，詹建俊1959年创作。现收藏于中国国家博物馆。

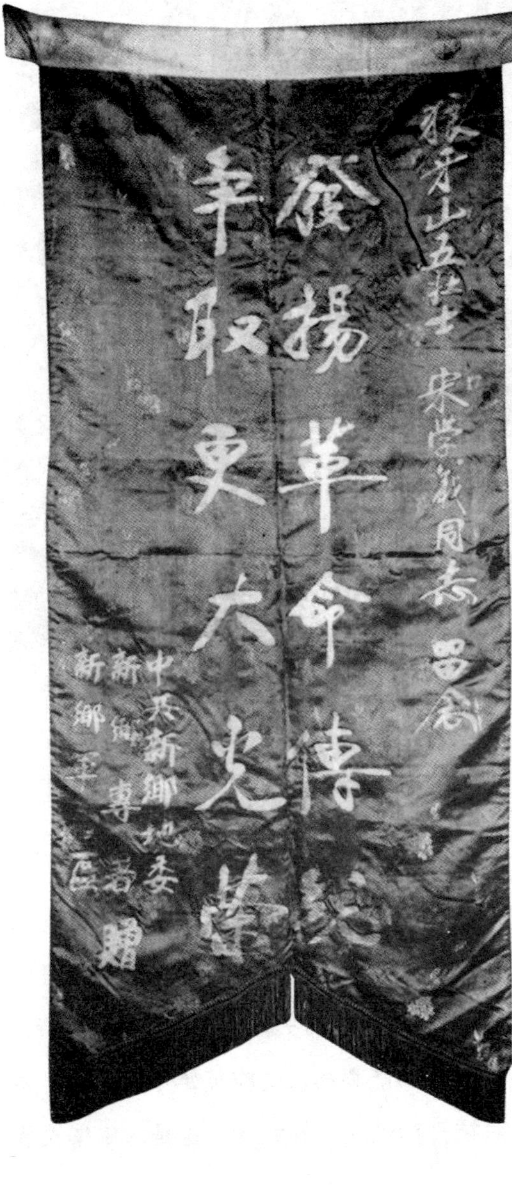

河南新乡地委、专署、军分区奖励狼牙山五壮士宋学义的锦旗。

杨成武给宋学义颁发奖章时的照片

人抓住某个细节主观臆想，无限放大，置抗日英雄为民族牺牲的大义于不顾，意在断章取义，歪曲事实，诋毁英雄，否定和丑化八路军抗战历史，抹黑中国共产党的革命史。这是一种极不负责，也很不道德的行为。抗战历史不能亵渎，民族英雄不容诋毁，尊重历史，尊重事实，是对抗日英雄的最好纪念，也是对中华民族未来的责任担当。

如今，抗日战争的烽火岁月已经远去，但重温这段历史，回顾狼牙山五壮士的英雄事迹，仍然具有非凡的意义。

1942 年 5 月，晋察冀军区举行了“狼牙山五壮士”命名暨反“扫荡”胜利祝捷大会，晋察冀军区领导机关授予三名烈士“模范荣誉战士”称号，并追认胡德林、胡福才为中国共产党党员；通令嘉奖葛振林、宋学义，司令员杨成武亲手授予宋学义“坚决顽强”奖章。这枚奖章一直由宋学义本人珍藏着，1978 年，其后人将这枚珍贵的文物捐赠给国家博物馆收藏。

狼牙峻峰颂英名

1941 年 8 月，日军华北方面军司令官冈村宁次率日伪军 7 万余人，对晋察冀抗日根据地进行大规模“扫荡”，企图一举歼灭八路军主力。面对日军的来势汹汹，八路军晋察冀军区主力设法跳出了日伪军的合围圈，使日军的合围计划彻底破产。日军恼羞成怒，进而对晋察冀抗日根据地进行分区“清剿”，大肆搜剿八路军，捕杀抗日群众，疯狂烧杀掳掠，无恶不作。9 月下旬，日伪军不断合围北岳、平西地区。涞源、易县、徐水、满城四县的党政机关、

狼牙山五壮士跳崖之后，其所在部队的首长亲赴他们跳崖之地察看。

游击部队和周围村庄的数万群众被迫隐蔽到狼牙山区。

狼牙山属太行山脉，呈“东北—西南”走向，位于河北易县的西南方向，因远望如一排狼牙直刺青天而得名。作为晋察冀边区的腹地，这里巨石嶙峋，绝壁高耸，保持着千百年来不变的幽奇和险峻，是军事上一个易守难攻的险要之处。

9月24日，3500多名日军忽然从四面八方包围了狼牙山，开始进攻。当时困在山上的主力部队、游击支队、党政机关和老百姓共计2万多人，能够实际作战的却只有200人。在敌我力量悬殊的情况下，司令员杨成武制定了“围魏救赵”的作战方案。他命令部队在南、北管头村一带向敌人猛烈开火，发起佯攻，造成我军突围的假象。日军果然中计，从沙岭一带调兵支援，从而使沙岭一带空出了一个“大缺口”，我主力部队、党政机关和老百姓趁着月色连夜撤出了“鬼子”的包围圈。

当时负责留下牵制敌人，担任掩护任务的是七连的战士。25日凌晨，500多名日军在飞机大炮的掩护下，对狼牙山发起了全面进攻。七连战士凭借狼牙山的有利地形，打退了敌人的一次次冲锋。但到了中午时分，七连战士的伤亡非常惨重，连长刘福山也身负重伤。这时六班班长马宝玉挺身而出主动请战，要求留下来作掩护。于是在六班五位同志的掩护下，连主力很快突破了日军的包围圈，撤出了狼牙山。偌大一座狼牙山，只剩下六班的五名战士扼守着。

为了拖住敌人，六班的这五名战士一边痛击追上来的敌人，一边有计划地把大批敌人引上了狼牙山。他们利用险要地形，把冲上来的敌人一次又一次地打了下去。崎岖的山路上，敌人横尸遍地。

五位战士胜利地完成了掩护任务之后，准备转移。面前有两

抗战时期，晋察冀军区各部队开展向狼牙山五壮士学习的活动。

条路：一条是通往主力转移的方向，走这条路可以很快追上连队，可是敌人会紧随其后，有可能使自己的队伍再次遇险；另一条是通往狼牙山的顶峰棋盘坨，那里三面都是悬崖绝壁，可以说是绝路一条。为了不让敌人发现群众和连队主力，班长马宝玉决定把敌人引上绝路。

五壮士攀登上棋盘坨，居高临下，继续向紧跟在身后的敌人射击。到了下午三四点钟的时候，子弹打光了，他们就用石头砸。到黄昏时，能搬动的石头也用光了，马宝玉把最后一颗手榴弹抓在手中。同志们都明白，这颗手榴弹是留给自己的，便一齐向班长靠拢，异口同声地说：“班长，拉吧！”但是，看着还在疯狂进攻的敌人，马宝玉果断地把最后一颗手榴弹投向了敌群，随着爆炸声响，日军又倒下了一片。马宝玉转回身来，激愤地说：“同志们，我们都是有骨气的中国人，决不投降，决不当俘虏！现在摆在我们面前的只有一条路，就是跳崖！”“对，跳崖！”副班长葛振林和战士宋学义、胡德林、胡福才四人齐声应道。他们把枪摔坏，丢下深谷，马宝玉第一个来到山崖前，高喊着“共产党万岁！乡亲们，永别了！”纵身跳了下去。接着，其他四人紧随其后，也高喊着口号，跳下深渊。

当几百名日军冲上悬崖顶时，发现与之激战近一日，让他们伤亡上百人的对手，竟是这五名八路军战士。于是，这些“武士道”的信徒们在峰顶排成几列，面对五壮士跳崖处深深行了一个军礼，鸣枪致敬。

跳崖后，马宝玉、胡德林、胡福才三位勇士壮烈牺牲，而葛振林、宋学义却意外地被悬崖上的树枝挂在半山腰而因此得救。

五壮士为保卫祖国和民族的独立而英勇战斗、宁死不屈、舍身跳崖的壮举，在长城内外、大江南北广为传诵，五壮士也成为

狼牙山五壮士中跳崖后被树枝所阻而脱险并归队的葛振林、宋学义两战士。

曾目睹狼牙山五壮士跳下悬崖的老道人也拿起了武器，加入到抗击日寇的队伍中来。

万众瞩目的英雄人物。随后，八路军晋察冀军区授予马宝玉、胡德林、胡福才三位烈士“模范荣誉战士”称号，授予葛振林、宋学义“坚决顽强”奖章，他们所在的连队被誉为“狼牙山五壮士连”。战后，当地人民政府在棋盘坨峰顶修建了狼牙山五壮士纪念塔，原晋察冀军区司令员聂荣臻为之题词：“视死如归本革命军人应有精神，宁死不屈乃燕赵英雄光荣传统。”

俯首甘为孺子牛

葛振林和宋学义在跳崖时被树枝挂住，幸存了下来。他们受伤后被当地的老百姓救护下来，伤愈之后又返回部队。

伤愈后的宋学义，身体留下了残疾，无法再适应部队紧张的战斗生活。1944 年，他谢绝组织的照顾，转业到地方工作，在河北省易县北管头村担任农会主席。在工作中，他虽然身体伤残，但处处走在前列，事事替村民着想，深得当地群众信赖。

1947 年，宋学义得知家乡解放，遂和妻子一起返回河南老家沁阳北孔村。回到家乡之后，宋学义很快融入当地的各项生产活动和革命工作当中。由于宋学义见多识广，办事公道，他被选为村里的党支部书记。村里无论大事小事，他都尽心尽力地办好。

当时，狼牙山五壮士的英雄事迹已经广为人知，但宋学义从来不提自己的经历，甚至隐姓埋名。他也听过闲话，受过不少委屈，却从来不向任何人抱怨。他辛苦努力地养活着一大家子人，常常拖着伤残之躯采摘树叶补充自家口粮，却拿着自己的伤残补助周济乡亲。而当时，村里人并不知道宋学义是一位抗日英雄。

直到 1951 年，全国开展“寻访英雄”活动，宋学义才被人们“发现”。

1951 年 10 月下旬，当时正在沁阳县政府民政科工作的张贺兆接到一项紧急任务——中央要召开全国老军人、老烈属代表大会，要在全国开展一次寻访英雄活动，宋学义就是其中一个重要的寻访人物。张贺兆通过查找各种线索，翻阅伤残军人花名册，终于在北孔村找到了宋学义。可是，当他见到这位英雄时，简直不敢相信自己的眼睛：深秋的季节里，站在面前的这个只有 33 岁但却备显苍老的农民，身上只有单衣薄裤，脚上穿着露脚趾的鞋子，拦腰扎一条草绳，腰驼得十分厉害。

在与宋学义的谈话中，每当张贺兆提到参军打仗、狼牙山、反“扫荡”等各种战斗经历时，宋学义总是把话题往别处岔开，似乎并没有透露自己真实身份的意思。最终，还是宋学义的妻子拿出了丈夫的一枚奖章，上面刻有“坚决顽强”四个字——这是当年在狼牙山之战后，杨成武将军代表晋察冀军区政治部亲手为宋学义颁发佩戴的奖章，这才将宋学义的英雄身份公之于众。如今，这枚珍贵的奖章保存在国家博物馆中，见证着英雄的光辉事迹。

宋学义“被发现”之后，先后担任过不少职务，并出席了全国烈军属、复员退伍军人积极分子代表大会，全国民兵英雄代表大会和中国共产党第九次全国代表大会。其间，他走南闯北，见过不少大场面、大人物，甚至还被毛泽东主席请到中南海的家中吃过一顿饭。

面对这些突如其来的特殊“荣誉”，宋学义从不居功自傲，从不搞特殊化。他始终钟情于自己的家乡建设事业。在担任北孔村村支书时，他带领北孔村实行了盐碱地的改造，使村子从原来最穷的“要饭村”，变成了全县最好的富裕村。公社化时期，干部不需要计工分，可宋学义只要一有时间就下地干活，自己的腰不行，干不了重活儿，就去拾粪。在乡亲们的印象里，他总是戴个大草帽，背着粪筐到处走。那时人们为了防止草帽丢失，都会在草帽檐上用红字写上自己的名字，宋学义也是这样。但后来他改了，只写一个“宋”字。他的儿子觉得奇怪，询问原因。宋学义的回答是，不能让人家一看见这名字就想起课本上写的、电影里演的狼牙山的那些事来，“咱就是个农民，得讲本分”。

宋学义的洁身自好，到了刻意回避自己名字的程度。可是他也有在大庭广众之下喊着说自己是“狼牙山五壮士”的时候。那是在1959年，宋学义到河南滑县开会，适逢河堤决口，在场的群众手足无措。宋学义当即跳进水里，大喊：“我是狼牙山五壮士之一的宋学义，大家听我指挥，没带工具的下水，挨个排在决口处筑成人墙。”人们听闻顿时为之一震，紧接着就纷纷“扑通扑通”跳了下去，众人一起用身体堵住了决口。宋学义的这一跳，犹如当年“五壮士”的英雄壮举再一次显现！

“文化大革命”期间，宋学义的英雄形象和英雄壮举受到了质疑。一些别有用心的人把他说成“假英雄”“假模范”。还有人在私下议论，说他没本事，不然立那么大功劳，咋还是个农民？对于这些闲言碎语，乃至侮辱非议，宋学义从不抱怨，只是一笑了之，转身之后，继续坚守他心中的“英雄”事业。

1971年6月26日，宋学义因病辞世，终年53岁，遗体安葬在沁阳烈士陵园。河南省人民政府于1979年6月授予他“革命烈士”称号。

另一位幸存的壮士葛振林，因为伤势不重，伤愈后重新回到了七连，并重新组建了六班。新六班仍然是全连“尖刀班”，英勇顽强地驰骋在抗日的最前线，直到把日本帝国主义赶出了中国。日寇投降后，葛振林又投入到解放战争和抗美援朝战争中，在战场上他奋勇杀敌，骁勇善战，屡建奇功。抗美援朝归来后，葛振林历任湖南省军区警卫团后勤处副主任、湖南省公安大队副大队长、湖南省军区警卫营长、衡南县兵役局副局长、衡阳市人武部副部长、衡阳军分区后勤部副部长等重要领导工作。1966年春，因伤病原因，葛振林向衡阳军分区司令部提交申请希望休养，获得批准。当年8月，这位老战士离岗退养，时年49岁。1981年，葛振林正式离休，享受正师级待遇。

葛振林在战场上临危不惧、英勇善战；在工作岗位上兢兢业业、一丝不苟；离休后仍放不下英雄情怀，一直致力于宣扬爱国主义精神和关心青少年健康成长的事业。

离休后的葛振林一直担任衡阳市关心下一代工作委员会主任，经常到各中小学做义务辅导员，给孩子们讲英雄故事、革命传统、人生理想，让孩子们从小就树立起正确的世界观和价值观。在葛振林离休后的二十多年里，他先后到过全国200多所学校进行国防教育和爱国主义教育，累计作报告达400余场，书信联系全国各地青少年近万名。他用自己的满腔热情，滋润着一批又一批青少年的心灵；他用自己的亲身经历，讲述着狼牙山上的壮怀激烈，传颂着革命先辈的峥嵘岁月。

2005年3月21日晚，“狼牙山五壮士”的最后一位幸存者——葛振林老人因病医治无效而溘然长逝，这位将毕生精力和心血献给祖国革命事业与爱国主义教育的民族英雄，无怨无悔地走完了他最后的人生征途。

平型关大战突击连

平型关大战突击连

平型关，位于山西省灵丘县与繁峙县交界的关岭上，海拔1800米，为明代长城的重要关隘。因其关塞如瓶形，历来有“瓶形塞”“瓶形寨”“平型岭”之称，至清代时始称“平型关”。平型关四面环山，地势险要，一条峡谷山道穿关口而过，西抵雁门，东通冀北，自古以来即为兵家必争之地。

平型关这一千年古隘历史悠久，位置显赫，这里曾发生过很多战事，但真正使其名扬中外的，是抗战时期八路军在这里取得的“平型关大捷”。

1937年9月，在晋东北的平型关东侧、灵丘县西南乔沟一线的峡谷公路上，八路军第一一五师，首战日本王牌军板垣师团一部，歼敌一千余人，缴获大量的武器弹药和军用物资，这成为中国军队全面抗战以来的一次大捷。

平型关大捷是一座永垂青史的丰碑，铭刻着八路军将士的丰功伟绩，祭奠着英烈们的不朽忠魂。

平型关战斗的硝烟虽早已散去，但中国人民不畏强敌、无坚不摧的伟大民族精神永存。

平型关大捷纪念碑

抗战大捷

1937年七七事变后，日本侵略者对华北实施疯狂进攻，叫嚣要在3个月内灭亡中国。9月中旬，日军华北方面军第五师团在察哈尔派遣兵团的配合下，由平绥路东段向西南进犯，逼近内长城线，企图突破平型关要隘进逼太原，进而歼灭我第二战区抗日部队，从右翼配合其华北方面军主力在平汉路的作战。根据中央军委的指示，我八路军一一五师师长林彪带其三四三旅先行入晋，开展敌后抗战战略。

9月19日，一一五师主力经长途跋涉，于平型关以西大营镇集结待命。23日，朱德、彭德怀下令一一五师选择有利地形，进入伏击状态，相机出击。

9月24日深夜，三四三旅的六八五团、六八六团、六八七团以及杨成武率领的独立团和骑兵营的八路军战士，身着单衣，脚穿草鞋，冒着倾盆大雨，顶着塞外秋风，穿越崎岖漆黑的山路，跨过湍急的山洪，神不知鬼不觉地到达了预定伏击地点。

翌日早晨7时许，日军板垣第五师团第二十一旅团4000余人乘100余辆汽车行进在前，200余辆马车装载辎重尾随其后，在骑兵队的护卫下，浩浩荡荡，缓慢前进。由于日军自进攻华北以来，遇到的都是不战而退的国民党军队，所以个个气焰骄纵，得意扬扬，没有任何防备。

当日军先头部队行进至关沟与辛庄之间的路口时，早已埋伏在公路南侧的各团指战员，分别按师部提前制定的“拦头”“斩腰”“断尾”的作战部署，向沟底公路上的日军发动猛烈攻击。当敌人清醒过来之后，立即利用车辆、坡坎做掩护，以优势武器进行疯狂反击。我军指战员冲下山路将敌人分割包围，展开肉搏战。

八路军在平型关的机枪阵地

八路军战士前仆后继，浴血奋战，经过 6 个多小时的殊死血战，终将进入乔沟一线公路上的敌人全部歼灭，取得了八路军出师抗日的首战大捷。

此役，我军共歼灭日军 1000 余人，毁敌汽车 100 余辆、马车 200 余辆，缴获九二式步兵炮 1 门、炮弹 2000 多发、机枪 20 余挺、步枪 1000 余支、战马 50 余匹、掷弹筒 20 多个、日币 30 万元，还有大批的食品、被服、电信器材、机密文件、军用地图等重要物资。

平型关之战，是八路军出师抗日的一个大胜仗，也是全面抗战以来的一次大胜利。捷报传出，震惊中外，举国欢腾。9 月 26 日，毛泽东兴奋地致电朱德、彭德怀：“庆祝我军的第一个胜利！”蒋介石也随即发来贺电称：“接诵捷报，无任欣慰，着即传谕嘉奖！”八路军总部更是连续收到贺电贺信 100 余封。国内外各大报刊、广播电台等媒体争先报道八路军平型关大捷，太原、石家庄等城市各界群众纷纷举行集会，庆祝八路军出师抗日旗开得胜，首战大捷。

英雄逝去

平型关大捷是一场惨烈空前的血与火的战斗，也是一场意志和精神的较量。在平型关隘下，十里乔沟中，涌现出了许多如“秦二愣肉搏日本兵”“麻排长捣毁敌阵营”等惊天地、泣鬼神的英雄事迹。战斗中有 600 多名八路军指战员壮烈牺牲或光荣负伤，英雄们用鲜血和生命赢得了全面抗战的第一个大胜利。

其中，在杨得志率领的六八五团的阵地上二营五连全体官兵表现得最为英勇顽强。他们击毙敌人上百名，烧毁敌军车 20 余辆，为此次大捷立下了汗马功劳。

五连是诞生于八一南昌起义的红军连队，曾参加过著名的井冈山中央苏区五次反“围剿”，长征时期参加大小战斗数百次，多次担任突击连、主攻连，被上级授予“模范红军连”称号。在得知连队担任伏击日军先头部队的任务后，全连上下士气高涨，齐声高呼：“严惩日本侵略者！”“为保卫祖国流尽最后一滴血！”“为五连争光！”纷纷上书请战。

9月25日清晨，五连战士奉命潜伏在阵地最前沿，早早做好了战斗准备。当日军4000余人乘汽车全部进入埋伏圈后，连长曾宪生一声令下：“打！”顿时，枪炮声大作，手榴弹如雨点般落向鬼子，不一会儿就炸毁敌人汽车20多辆。

“冲啊！”“杀啊！”在手榴弹的爆炸声中，战士们发起冲锋，向敌人扑去。虽然遭受突然伏击，但板垣师团的这支日军训练有素，战斗素养良好，在搞清楚状况后，很快就恢复了战斗队形，迅速以汽车为掩体，向山上我军射击，顽强抵抗。

战斗中，指导员杨俊生忽然发现，两股日军妄图抢占附近的1363高地。倘若敌人抢占了这一高地，就可以用火力控制附近地域，还能居高临下俯射我军指挥所，后果将不堪设想。

万分紧急之时，杨俊生大喊一声“跟我来”，带领突击排向1363高地扑去。连长曾宪生率领另外两个排从西翼进行包抄。日军发现我军意图后，发了疯似的冲向山顶，争夺1363高地。

五连官兵率先抢占制高点，居高临下，一阵猛打，把攻上来的敌人击退下去。日军不甘心失败，又组织200多人进行轮番冲击。由于战士们装备落后，弹药不足，而很多国民党晋绥军拨发的武器弹药都是劣等货，关键时刻卡了壳，所以日军很快就重新冲到阵地前沿来。五连战士无所畏惧，先是投掷手榴弹，将几十个日军炸死在阵地前沿。手榴弹扔光后，战士们装上刺刀，冲出战壕，

下牛还
汤头
蔡家峪
韩淤地
东河南
西沟
小寨
21师
21旅团第21联队
第1大队、第2大队
团城口
84师
21旅团
后续部队及辎重车队
(9月25日)
687团
石灰岭
1468
21旅团
第21联队第3大队
第42联队第2大队
第11联队第1大队
附1个炮兵大队
老爷庙
沟
686团
115师
71师
东跑池
兴庄
白崖台
涧头
72师
西跑池
685团
关沟
73师
平型关
平型关
东长城
35军
61军
独8旅
688团
横涧
桥儿沟
独3旅
冉庄

平型关战斗示意图

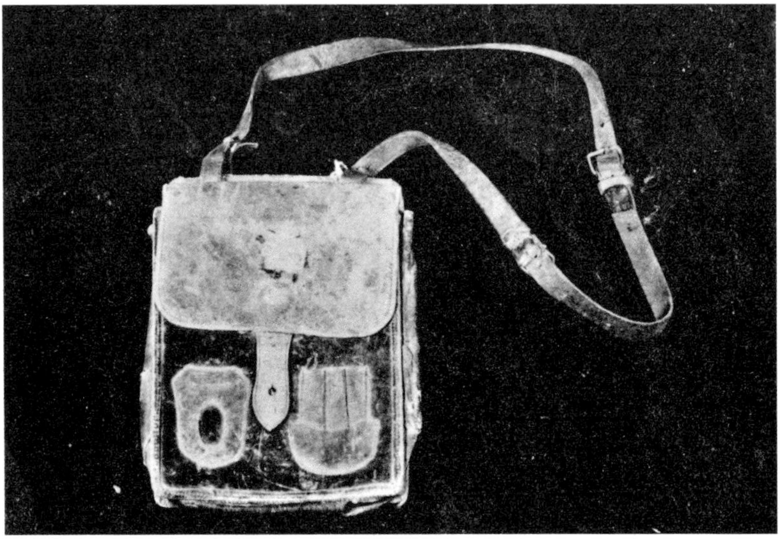

平型关战斗中我军缴获的日军军用皮包

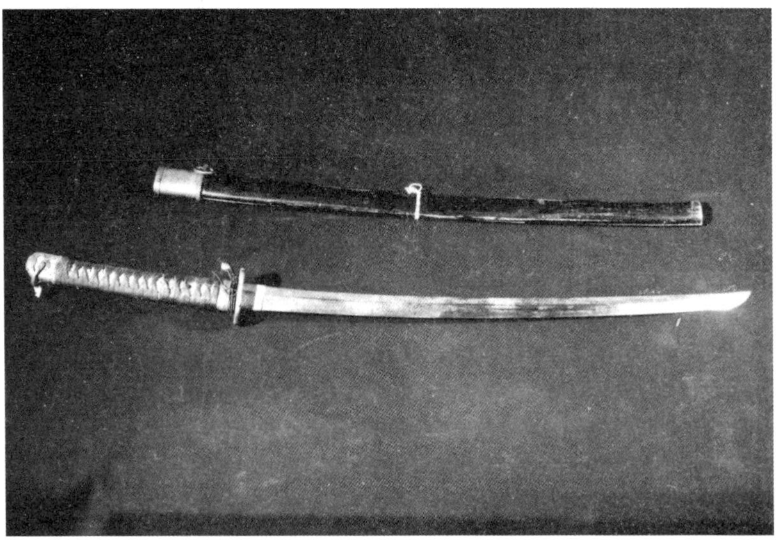

八路军一一五师在平型关战斗中缴获的日军军刀

同冲上来的鬼子展开肉搏战。

此时，有“猛子”之称的连长曾宪生率先向敌人冲去。他像一只猛虎，冲进敌群，挥舞刺刀，一连捅倒了好几个日军。日军见他如此厉害，便一齐向他扑来，此时身上已多处负伤的曾连长体力不支，毅然拉响了仅有的一枚手榴弹，与敌人同归于尽。另外一名战士紧握钢枪朝着指挥冲锋的日本军官猛刺，日本军官抡起指挥刀劈了过来，战士手中的刺刀被打掉，这名战士就顺势抱住日军指挥官，与其一同滚下了山崖……指导员杨俊生看到自己的连长和战士们一个个倒下牺牲，满腔怒火，高喊：“为连长和战友报仇，和小鬼子拼了！”随后，带领全连杀进敌群。

阵地上硝烟弥漫，血流成河，勇士们一个接一个地倒下。排长牺牲了班长顶替，班长牺牲了战士接替指挥，就这样前仆后继，打到最后，全连只剩下三十几人，仍一直坚守着高地，直到战斗最后胜利。

八路军首战平型关，打破了日军“不可战胜”的神话，极大地振奋了人心，增强了全国人民坚持抗战的信心和决心，提高了中国共产党和八路军的威信。五连战士因在战斗中的英勇表现和巨大功劳，战后被三四三旅授予“平型关大战突击连”荣誉称号，这也是平型关战斗中唯一被授予荣誉称号的连队。

再创辉煌

时过境迁，当年的五连虽然几易番号，但连队顽强的战斗作风却一直未变，在历次战斗中立下的功勋也丝毫未减，先后获得过“军政双胜连”“平汉战役主攻连”“渡江英雄连”等光荣称号。

这支英雄的连队在解放战争时期继续扬威，参加了著名的“平

平型关大捷纪念馆

汉战役”，挺进冀热辽，配合主力转战晋察冀，保卫张家口，随后挥戈南下，突破黄河天险，直插浙赣线。首战郸城，取得鲁西南大战胜利后，又直扑陇海，千里跃进大别山。参加百万雄师过大江，直捣南京，解放贵阳、重庆。打下成都后又挥师贵州，清匪反霸，为全国解放作出了突出贡献。

新中国成立后，这支连队被改为步兵第一三六团九连，曾赴朝参加过西海岸反登陆备战训练。在抗美援朝时期，参加了“三八线”争夺战、上甘岭守卫战役和金城反击战等十多次战斗，获“英勇顽强旗开得胜”锦旗一面。1964 年 7 月被国防部命名为沈阳军区“学习毛主席著作模范红九连”，先后参加了唐山抗震救灾、大兴安岭扑火等重大任务。

1998 年，长江、嫩江、松花江等地洪水肆虐，九连奉命参加嫩江抗洪，官兵全程坚守在月亮泡水库最艰险的 3 号坝。在生与死的考验面前，连队官兵连续奋战 41 个小时力保大堤不失，被四总部评为“抗洪抢险先进单位”，荣立一等功，同年 9 月被军区评为“抗洪抢险先进连”。

2015 年 9 月 3 日，在中国人民庆祝反法西斯胜利 70 周年的阅兵仪式上，“平型关大战突击连”作为我军十个英模部队的方队之一，接受了党和人民的检阅。该方队设计了一个非常新颖别致的队标——黄色的圆环内由汉字、汉语拼音写成“‘平型关大战突击连’英模部队方队”字样，圆环内一杆步枪与一面飘扬的旗帜构成了一个“7”，一把弯曲的军号构成了“0”，下方是一幅平型关的地形图，图下有“1945—2015”字样。这个别致的队标寓意深刻，将人们的思绪引向那个战火纷飞的年代。而战士们饱满的姿态、坚定的步伐、昂扬的斗志，定会将连队的精神代代相传。

刘老庄八十二烈士英雄纪念碑，位于江苏省淮安市淮阴区刘老庄乡八十二烈士牺牲地。

刘老庄连

出江苏淮阴城一路向北，会到达一个叫刘老庄的村落。同中国大地上的许多村庄一样，刘老庄安详而静谧，村民们质朴而无争。但是，七十多年前发生在这里的一场激烈的战斗，使这一村庄从此不再平凡——1943 年 3 月 18 日，新四军第三师七旅十九团二营四连的 82 名指战员为抗击日本侵略、掩护主力转移、保障群众生命，与日军第十七师团所部 1600 余人，在这里展开了一场力量对比悬殊的喋血鏖战，82 位战士全部壮烈殉国。从此，刘老庄这个苏北平原上的普通村落，就与中华民族不畏强暴、顽强奋斗的精神联系在了一起，与中国人民解放军的光荣战史联系在了一起。而以此村庄名称重新建制和命名的“刘老庄连”，从此也成为我军军史上一支永不磨灭的“老番号”。

八十二勇士血战刘老庄

1941 年 1 月，国民党反动派发动了震惊中外的“皖南事变”，我新四军遭受沉重打击。之后不久，中共中央军委发布命令，要求重建新四军军部。驻扎在苏北一带的八路军第五纵队奉命改编为新四军第三师，黄克诚任师长兼政委，下辖第七、八、九三个旅。

随着我新四军的重建，苏北抗日根据地日益壮大，这也对长期盘踞在这一地区的日军威胁越来越大。因此，日军多次集结重兵，对以盐城为中心的苏北抗日根据地发动了大规模、梳篦式的大“扫荡”。从 1942 年 11 月至次年 4 月，日军对这一地区的“扫荡”长达半年之久，中共领导下的苏北抗日武装顽强拼搏，与残暴的日伪军进行了英勇的反“扫荡”斗争。

1943年3月，日军第十七师团和伪军在苏北淮海区一带“扫荡”，寻歼新四军。3 月 16 日，日伪军集结一部分兵力，合围驻扎在梁岔地区一带的新四军三师七旅十九团二营，企图以铁壁合围之势歼灭这部分新四军。二营将士闻讯迅速转移，跳出了日伪军包围圈。日伪军穷追不舍，跟踪追击，于 3 月 17 日又进行第二次合击。双方于老张集一带遭遇，激战三四个小时。二营于黄昏后突围，在午夜转移到刘老庄一带宿营，待次日早晨奉命转移，执行新的任务。

二营四连的指战员在午夜后开进刘老庄，进行休整。连长白思才是身经百战的老红军，战斗经验十分丰富。经过日军的连日追击，他做好了随时迎接战斗的充分准备，并要求全连官兵枪不离身，不解绑腿，和衣而睡。之后，他在驻地附近以及庄子外面百米之外的要道口分别派出战士进行潜伏侦查，以防不测。

果然，3 月 18 日凌晨，日军纠集 1600 余人，分几路对二营进行第三次合击。

二营首长立即指挥部队转移，四连的 82 名指战员在连长白思才、指导员李云鹏的带领下负责殿后。为了不把鬼子引进村庄，伤及百姓，四连撤出刘老庄，进入庄后一条又宽又深的交通沟，在掩护营主力部队和部分群众安全转移后，沿交通沟西撤。此时，日军从东、南、西南三个方向黑压压地朝刘老庄扑来；紧接着，西面又出现了一队日军骑兵。

面对严峻的形势，白思才命令大家快速前进，甩开日军。但是，行进在前面的队伍突然停了下来，班长跑来报告：交通沟前面是一条断头路，根本无法通行！

眼看日军骑兵迎面而来，四连面临腹背受敌的危险。于是，白思才带领部队一边开火阻击日军，一边乘势跃出交通沟，拼命突围。

此时各路日军已全面迂回过来，集中火力围攻四连。当时四连所处的位置是一片开阔地，没有树木，没有土丘，就连坟堆都没有一个，无任何屏障可以利用，几次强行突围，均遭日军堵截。眼看一个个战友倒下去，四连指战员不得不重新退回交通沟，固守阵地。瞬时，日军从四周蜂拥而来，形成“铁壁合围”之势。

白思才看到这种形势，知道突围的希望不大了，只能坚决抵抗。于是，白思才当即命令部队迅速展开，依托交通沟里仅有的一段约百米长的有利地形，准备战斗到底。上午八九点钟，战斗打响，战场上顿时硝烟弥漫。日军抢占交通沟两头，机关枪向沟里扫射，迫击炮、掷弹筒发射的炮弹在交通沟周围爆炸。为了防止日军从交通沟两头突进，夹击我军，白思才指挥战士们拼死将交通沟两头用石块堵上。坚守在交通沟里的战士，顽强抵抗着日军的进攻，很快击退了日军的第一波进攻。

被打退的日军不但不怒，反而大喜，他们得意地说，通过这一番较量，可以看出这不是土八路，而是一支正规军，一定不能让他们跑掉！于是，重整旗鼓之后，日军再次发起冲锋。他们投入十多挺机枪和多门火炮，猛烈压制四连的火力。顷刻间，子弹、炮弹，狂风暴雨般地倾泻到四连阵地上，在火力的掩护下，日军一个中队的兵力向四连阵地猛扑过来。

四连指战员奋勇迎战，全力阻击，当日军冲到阵地前沿时，四连战士们便跳出交通沟，与日军展开肉搏战。激战一直持续到午

新四军三师七旅十九团二营四连政治指导员李云鹏在刘老庄战斗中牺牲后，他的父亲李梦祥老人与新组建的“刘老庄连”指战员合影留念。

后，日军仍然没有攻下四连阵地。

于是，凶恶狡诈的日军改变了战术，先是命令汉奸、伪军对四连战士喊话，妄图威胁引诱我抗日英雄投降，得到的回答却是一阵阵清脆的枪击声。敌人一看这招没用，便恼羞成怒，调集所有的山炮、迫击炮、九二步兵炮、掷弹筒及重机枪，向四连阵地狂轰滥炸，进行毁灭性的攻击。顿时，整个阵地地动山摇，烈焰四起，一条百米长的屏障逐渐被炸为平地。

激战一天，四连勇士们滴水未沾，粒米未进，在日军的猛烈进攻下，四连战士伤亡惨重。但是尽管如此，没有一位战士退却和投降，顽强地坚守着每一寸阵地。

天色渐入黄昏，枪炮声逐渐停息，阵地上出现了一阵难得的寂静。此时身体已多处负伤的白思才预感到一场白刃格斗的殊死恶战即将来临。

于是，白思才和李云鹏迅速清点部队，发现战士只剩下 20 多人，并且大都负了伤，弹药几近打光。白思才命令战士们将所有的子弹集中给一挺重机枪使用，轻机枪全部拆毁、埋掉。各种文件、地图、记录本等全部销毁，每人一支步枪，卸下扳机，上好刺刀，严阵以待，准备与敌人展开肉搏战。不久，重新调整部署后的日军再次围攻上来。四连战士们用最后的子弹，向日军连续射击，然后跃出战壕，冲向日军，同日军展开肉搏战。战士们的刺刀捅弯了，就用枪托砸；枪托砸碎了，就用铁锹砍；铁锹砍坏了，就用拳头揍、用脚踢、用牙齿咬……一场悲壮惨烈的白刃肉搏战后，四连的 82 位勇士全部倒了下去。

战斗结束后，日军指挥官川岛心惊肉跳地走出指挥所，来到阵地前，妄图能找到些“战利品”。但是，他不仅没有抓到一个俘虏，甚至连一支完整的枪也找不到。川岛仔细清点了一下血泊中的新

时任新四军三师师长的黄克诚为刘老庄八十二勇士题词

四军人数，发现与他的 1600 多名精兵决死奋战了一天的，竟是一个只有 82 人的连队，而他的部队却有 170 多人战死，200 多人受伤……

激战后的当晚，淮阴县张集区区长周文科和联防大队队长周文忠带领地方武装，星夜赶到刘老庄，收敛埋葬四连战士遗体。据亲历者回忆，硝烟弥漫的阵地上，很多的战士仍然保持着奋勇搏斗的姿态：有的人怒目圆睁，俯卧在战壕边；有的人紧握枪支，倒在掩体内；有的人端着刺刀，弓着前腿，斜靠着战友；有的人用双手狠狠地掐住日寇的脖子；有的人手中紧紧抓住日寇的一绺头发；还有两名战士因与敌人抱得太紧，难以分开，只好将他们一起掩埋。

打扫战场时，周文忠等人意外地发现，有一名战士还活着，便急忙用担架送他去抢救。这位战士右腿被炸断，身上多处受伤。他苏醒后，忍着伤痛，断断续续讲述了战斗情况，算是将这段宝贵的战斗史料保存了下来。由于伤势太重，抢救无效，这位年仅 24 岁的田姓战士，于第三天早晨永远地闭上了眼睛。

英雄续写新“四连”

四连 82 名壮士全数以身殉国的消息传到新四军三师七旅后，指战员们无不悲痛万分。3 月 29 日，十九团在郑潭口小学内召开追悼大会，隆重悼念为国捐躯的战友。

新四军代军长陈毅闻讯后撰文称赞道：“烈士们殉国牺牲之忠勇精神，固可以垂式范而励来兹。”八路军总指挥朱德在《八路军新四军的英雄主义》一文中，赞誉四连的壮举为“我军指战员英雄主义的最高表现”。

战斗结束后的第三天，十九团重新杀回了刘老庄。淮阴县委、县政府和当地群众收敛烈士忠骸并举行了公葬，修建了公墓。新中国成立后，淮阴县委、县政府重修公墓，墓高8.2米，象征着八十二勇士。时任苏皖边区政府主席的李一氓亲自题写了“淮阴八十二烈士墓”的墓碑，并亲自撰写了感人至深的碑记：“从拂晓到黄昏，只有枪声、炮弹声、手榴弹声，只有鲜血、挣扎和死亡。八十二个战士，一个一个递减到不成为连，两个排，一个排，两个班，最后还不到一个班，整天的战斗，整天的射击，剩下的人和剩下的子弹，最后还不到供一支枪的连放。绝望地牺牲下去，英勇地牺牲下去……”如泣如诉的碑文，生动再现了当年悲壮的场面。

八十二勇士虽壮烈牺牲，但他们的战斗精神和番号建制却永远地传承了下来。经上级批准，十九团重新组建第四连，刘老庄人民挑选了82名优秀子弟补充了进来。新四连被命名为“刘老庄连”，且始终保持着82人的特殊编制，再次以铁骨铮铮的主力连面貌，重新屹立于新四军的战斗序列中。

补充后的四连在我党的领导下，攻城拔寨，屡立战功。抗战胜利后，“刘老庄连”随第三师主力奔赴东北，加入了东北民主联军，参加了秀水河子歼灭战，全歼国民党军第八十九师二六六团和第二六五团一部，开创东北我军歼灭美械国民党军的先河。此后又接连参加了四平保卫战、泉头阻击战等战役。辽沈战役胜利后，又随我四野部队挥戈南下，与国民党军决战广西。在粤桂边境，翻山越岭，历尽艰险，追击残敌，于1949年12月1日在广西博白配合兄弟部队活捉国民党第三兵团司令张淦。在解放海南岛的战役中，“刘老庄连”驾驶木船配合五连船队，打败了敌军舰，把红旗插上了海南岛，创造了海战史上的奇迹。

在新中国成立后的和平时期，“刘老庄连”成为人民的忠诚卫士。1978 年 12 月，“刘老庄连”参加了对越自卫反击战，战功卓著。1998 年夏，长江、嫩江、松花江发生百年罕见的大洪水，人民生命和财产安全受到严重威胁。“刘老庄连”82 名官兵奉命随部到达长江最危险的地段——武汉洪湖进行抢险。到达灾区后，全连官兵连夜出击，不顾饥饿、疲劳、艰险，连续奋战 18 个小时，冒雨对长 800 米的大坝进行了修筑，出色完成了抢险任务。上级首长为此称赞道:“昔日是抗日尖刀，今天是抗洪尖刀。”此后，“刘老庄连”相继参加并出色完成了“铁拳—2004”涉外演习、“和平使命—2005”中俄联合军事演习，被表彰为演习先进单位。2007 年，“刘老庄连”部分官兵参加苏丹的国际维和任务，五次成功地处置武装劫持事件。

2008 年，汶川发生特大地震，接到赴川抗震救灾的命令后，“刘老庄连”在外驻训、休假、出差的 36 名官兵全部火速归队，是第一个成建制赶到震中映秀地区的部队。他们奔赴汶川救援 100 天，被授予“抗震救灾先进单位”。

为推动群众性爱国主义教育活动深入展开，迎接新中国成立 60 周年，2009 年中宣部、中组部、解放军总政治部等 11 个部门联合组织开展评选“100 位为新中国成立作出突出贡献的英雄模范人物和 100 位新中国成立以来感动中国人物”活动，新四军中有六位英雄人物和一个英雄集体入选其中，这个英雄集体就是“刘老庄连”。

2015 年 9 月 3 日，在中国人民庆祝反法西斯战争胜利 70 周年的阅兵仪式上，一支步伐整齐、气宇轩昂的受阅队伍出现在了阅兵场上，队伍最前方由两名将军亲任领队，领队后面，7 名战士高擎“刘老庄连”连旗，再次向世人展现了八十二勇士那段壮丽的悲歌。

1959 年，我国著名画家、“关东画派”奠基人王盛烈根据抗日联军八位女战士英勇抗敌、壮烈牺牲的真实感人故事创作了这幅国画巨作《八女投江》，名画与英雄事迹相伴，传颂了半个多世纪。该作现收藏于中国国家博物馆。

八女投江

发源于黑龙江林口县境内的乌斯浑河，是牡丹江的一条支流。它蜿蜒曲折，一路向北，在林口县的东岗镇一带汇入牡丹江。每逢冬季冰封时节，它都显得那样静谧，悄悄躺在河床里，宛如一条银色的带子伸向远方，美丽无比。

在河畔的不远处，一座巍峨的纪念碑耸立在那里，与气势磅礴的乌斯浑河相映生辉，一同向人们讲述着七十多年前那荡气回肠的英雄壮歌：

1938 年 10 月，东北抗日联军五军一师的八名女战士，为了掩护大部队突围，主动把敌人的火力吸引过来，最终弹尽粮绝，投江牺牲……

东北抗联的西征

1931 年 9 月 18 日，日本帝国主义发动了侵略我国东北的战争。由于蒋介石的消极抵抗政策，日军仅用了四个半月的时间就占领了东北三省全境。

在这民族危亡的时刻，中共中央随即发表《为日本帝国主义强暴占领东三省事件宣言》，号召东北人民群众和革命队伍行动起来，抗日救国，并相继派出杨靖宇、周保中、赵尚志、李兆麟、赵一曼等一批优秀共产党员到东北，组织领导抗日活动。在中国共产党的号召下，东北青年义勇军、救国军、革命军和青年救国会、妇女会、儿童团等各种抗日组织纷纷建立。他们高举着抗日救国的伟大旗帜，开展英勇的抗日游击战争。

1933年1月26日，中共中央给满洲省委发出指示信，要求满洲省委以党领导的赤色游击队为基础，团结其他抗日武装，建立东北人民革命军。1936年2月20日，为扩大抗日力量，这支队伍统一改编为东北抗日联军。到1937年10月，东北抗联共建立起11个军，人数3万余人，抗日游击区扩大到70多个县。全军士气高昂，作战英勇，给日寇以沉重的打击，极大地破坏了日寇的殖民统治，有力配合了关内战场对日作战，使敌人寝食难安。然而，从1938年开始，日寇调集大量兵力，吸纳伪军，把枪口对准了东北抗联，对抗联军民实行“梳篦式”“踩踏式”的大“扫荡”，对所谓的“通匪区”实行烧光、杀光、抢光的“三光”政策，制造“无人区”，妄图把抗联围歼于三江平原上。

为了粉碎敌人的阴谋，保存部队有生力量，开辟新的根据地，活动在松花江地区的抗联第二路军决定第四、第五军主力西征，以期与东北抗联第一路军及第二路军所属的第十军打通联系，开创抗日战争新局面。八女之一的冷云，在听到部队西征的消息后，忍痛将只有两个月大的女儿送给当地一位朝鲜族群众抚养，毅然踏上了艰苦卓绝的西征之路。

1938年7月2日，西征部队从牡丹江沿岸出发，一路攻击前进。在西征途中，这支部队遭遇到了前所未有的困难，敌人集结数倍于我军的兵力，天上地下，疯狂“围剿”。1938年8月，第五军西征部队到达五常县境内，他们在五常山区活动时暴露了目标，多次遭到敌人的围攻，战斗异常激烈，队伍损失很大。第五军一师突出重围后，决定返回牡丹江沿岸，寻找第五军军部，汇报西征情况，进行休整。

在这次西征的队伍中有许多女同志，她们同男同志一道跋山涉水，并肩战斗。在战斗时，她们发挥了战斗员的作用；在打下敌人盘踞的村镇时，她们发挥了宣传员的作用；在平时行军间歇中，她们又发挥了服务员的作用。这些女同志成了西征队伍中的一支重要力量。

然而，在跟随部队西征往返几千里路的征战途中，妇女团的同志们也是历尽了千辛万苦，损失异常惨重。尤其是在五常山区遭敌围攻的时候，许多女同志在战斗中壮烈牺牲。等突围后的一师部队返回牡丹江沿岸休整时，发现全员只剩下以指导员冷云为首的八名女同志了。

乌斯浑河畔的巾帼悲歌

1938 年 10 月 19 日，冷云等人随一师来到林口县刁翎镇三家子村西北 4 公里柞木岗下，这里是牡丹江支流乌斯浑河的老道渡口，部队打算从这里过河，去寻找第二路军总部。可是，由于连日的秋雨，河水猛涨，渡船全被日伪军控制，抗联将士们只好先行露宿，待天明时再渡河。

为了抵御严寒，战士们燃起几堆篝火取暖。未曾想，火光被恰巧经过此地的大汉奸葛海禄发现，他急忙向附近的日军守备队告密。日伪军连夜拼凑了 1000 余人迅速将河谷地区包围起来，等待天明后突袭。

第二天拂晓，当战士们从睡梦中醒来时，却发现一夜之间河水暴涨，激流滚滚，根本看不见渡口。师领导于是派水性较好的

“八女投江”的核心人物冷云

朝鲜族参谋金世峰带领八名女战士先去探路过河。金参谋带八名女战士来到河边，自己先潜入水中，试探着游到河对岸，正准备回身来接她们的时候，突然，周围枪声大作，埋伏的敌人发起猛攻。毫无准备的部队，匆忙组织火力，边打边向柞木岗山上撤去，日伪军在后面紧追不舍。

此时，冷云等八名女战士被隔在河岸边的柳条通（笔者注：东北地区有很多河流，两岸都是柳树丛，当地人把这叫作柳条通，其间夹杂着膝盖高低的茅草，细细柔软的枝条倒垂下来，密密麻麻。在柳条通里，水多的时候有水，水少的时候有泥，干旱的时候可以走人）里，还没被敌人发现。就在枪声响起的一瞬间，年仅 23 岁却有着丰富战斗经验的指挥员冷云立刻意识到了问题的严重性，如果主力被敌人继续包围，将有全军覆没的危险。她迅速作出决定，果断下令：“同志们，快！向敌人开火，把敌人吸引过来，掩护主力突围！”七名姐妹明白了指挥员的意思，都把自己的生死置之度外，立即向敌群猛烈开火。

敌人突然遭到我方战士的背后袭击，顿时惊慌失措。他们急忙组织兵力，调转枪口，向冷云她们扑来。敌人的火力分散，我军主力部队趁机发起冲锋，突破了敌人的包围圈，撤入山上林中。师长发现冷云等人身处险境，又带领部队几次冲杀回来，想把危境中的女战士们带出。但道路早已被敌人的火力切断，根本无法营救。冷云和她的姐妹们一同高喊：“同志们，快往外撤！保住手中枪，抗日到底最要紧！”师长见女战士们已下定与敌人血战到底的决心，而部队子弹已然不多，再坚持下去恐有全军覆没的危险，便忍痛带领部队撤回密林中。

敌人见抗联部队主力已摆脱他们的围追，恼羞成怒，全部调转枪口，集中火力，号叫着向冷云她们扑来。冷云让大家准备好手榴弹，等敌人快要接近时，再一起扔出。顿时，跑在前面的敌人被炸得血肉横飞，剩下的急忙调头回窜。此时的敌人还摸不清柳条通里埋伏着多少人，未敢轻举妄动，只是趴在地上，以密集的火力向柳条通里射击。

为了拖住敌人，节省子弹，冷云命令战友们等敌人靠近了再打。

此时，太阳已经冉冉升起，敌人也弄明白了我方只有八名女战士，便停止了密集的阵地射击，兵分三路，气势汹汹地向她们包抄过来。等敌人一靠近，冷云便指挥战士们一边射击，一边向三个方向的敌人同时投掷手榴弹，敌军死伤惨重。几番激战下来，冷云发现，战友们的子弹已经打完了，手榴弹也只剩下三颗，黄桂清和郭桂琴都负了伤。

敌人此时已步步逼近，冷云她们处在三面受敌一面临水的险境绝地。她们意识到，八个人都不会泅水，眼下只剩下两条路：战死或被俘。冷云深情地望着战友们，坚定地说："同志们，咱们是共产党员，抗联战士，宁死也不做俘虏！现在咱们弹尽粮绝了，只有蹚水过河。能过去，就寻找军部继续抗日，战斗到底；过不去，宁肯死在河里！为祖国的解放事业而战死，是我们最大的光荣！"

"对，过河！宁肯站着死，绝不跪着生！"七名战友从斜坡上站起来，准备下水渡河。敌人号叫着向岸边扑来，她们将最后三颗手榴弹一齐投向敌群，然后互相搀扶着朝乌斯浑河深处走去……

敌人冲上来后，望着向河心走去的八名女战士惊呆了，企图用活命和金钱来引诱她们投降，在河边忙乱地喊叫道："回来！回来！金票大大的！生命的保障！"八名女战士丝毫不理睬敌人，继续向前挺进。这时日寇指挥官熊谷一看诱降无望，就发疯地命令士兵向八名女战士射击和打炮。我八位女英雄，忽而沉入水中，忽而又昂立在激流之上。敌人的炮弹在她们的身边，掀起了巨大

电影《八女投江》剧照

的浪涛，八位女英雄的鲜血把河水都染红了。

不久，枪炮声停息了，战斗结束，乌斯浑河岸上又恢复了往日的平静，只有那滚滚的江水在向一代又一代的中华儿女诉说着那一曲巾帼壮歌……

“将来应有烈女标芳”

八女的这一壮举后来被东北抗联第二路军总指挥周保中将军记载到了自己的日记当中：

> 五军关师长书范，于西南远征归抵刁翎，半月前，在三家（子）方向拟渡乌斯浑河，拂晓正渡之际受日贼河东岸之伏兵袭击。高丽民族解放有深久革命历史之金世峰及妇女冷云（郑 ××）、杨秀珍（笔者注：应为杨贵珍）等八人，悉行溺江捐躯……乌斯浑河畔牡丹江岸，将来应有烈女标芳。

此后，“八女投江”抗日殉国的壮烈事迹，在白山黑水之地广为传颂；解放战争时，传遍全中国；新中国成立后，又闻名于全世界。从 1938 年 10 月至今的七十多年间，为了表达对八位女英雄的怀念和敬意，由民间传颂的革命故事，发展到艺术家的绘画和影剧作品；由军民的口碑史话，发展到史学工作者的著书立传；党政领导为之题词，人民政府为之树碑。八位女烈士的英灵与杨靖宇、赵尚志、陈翰章等众多东北抗日民族英雄长眠在这片黑土地上，用她们的精神，浇灌着祖国的自由之花。下面，让我们分别来了解和记住这八位女英雄的生平事迹：

冷云，乳名郑香芝，是“八女投江”的领头人，1915 年出生于

东北抗联第二路军总指挥周保中将军。
1945 年摄于吉林省磐石市。

黑龙江省桦川县悦来镇。父亲郑庆云，母亲谷氏，全家以种地和在镇上卖小菜为生。16 岁时，冷云以优异成绩考上了佳木斯市桦川县立女子师范学校，起名郑志民。1932 年 4 月日军进驻佳木斯城，学校被迫停课。日伪在学校的反动统治，激起广大师生的强烈不满。冷云的班主任老师董仙桥（中共地下党员）秘密地向学生们宣传爱国思想，激发大家的爱国热情。冷云思维敏锐，接受新思想快，爱国意识强烈，经常在同学中进行抗日救国思想的宣传动员工作。

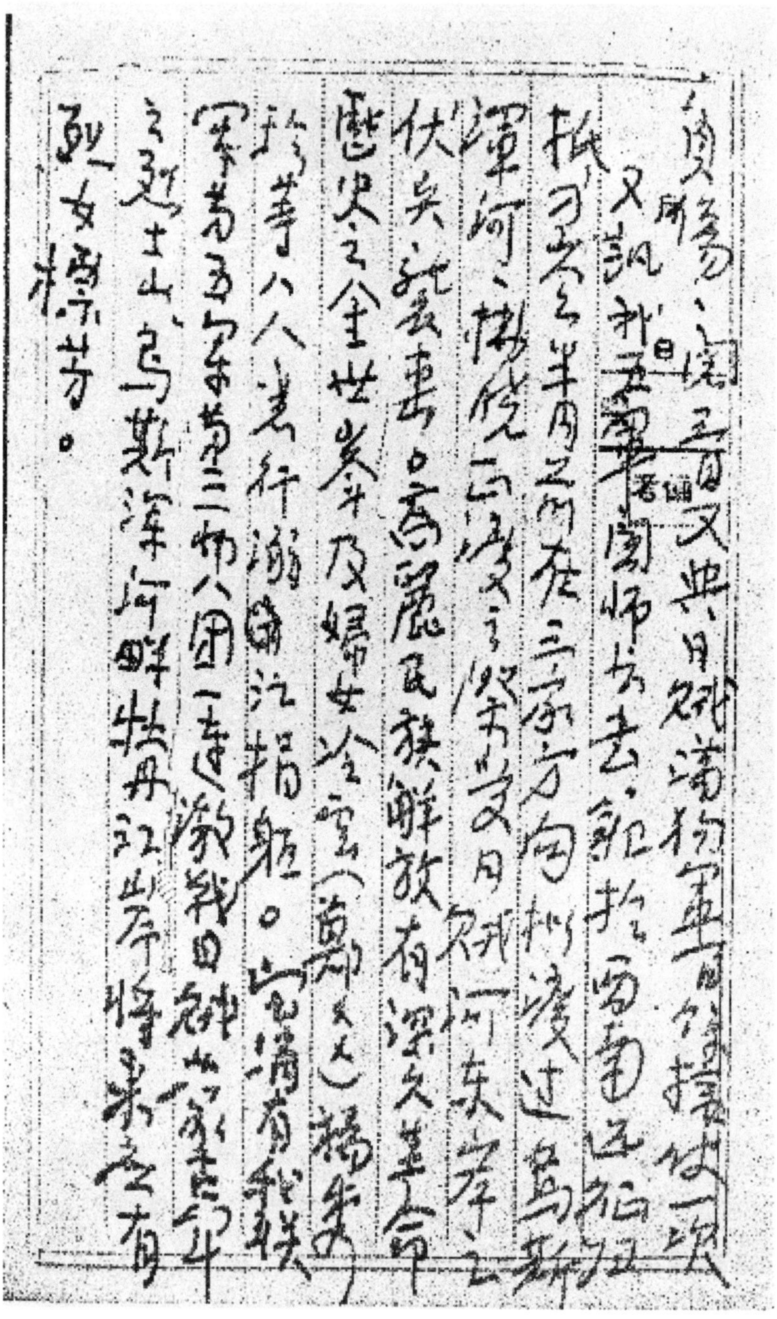
负伤、阵亡[illegible]又与日冠满伪[illegible]
所又讯我五军关师长去年秋于[illegible]
抵刁翎之半月之间在三家子向林渡过乌斯
浑河、林[illegible]渡口之日寇一河东岸之
伏兵，我妻高丽民族解放有深久革命
历史之金世峰及妇女冷云（郑夫人）杨秀
珍等八人先行渡江指挥。[illegible]
军第五军第三师八团一连激战日冠出一家子
之烈士也，乌斯浑河畔牡丹江岸将来应有
烈女标芳。

周保中将军记载八女投江事迹的日记

1933 年，桦川县男、女两个师范学校合并为桦川县立中学，改为师范班。冷云在班上很活跃，正直刚毅，敢于表露对日伪统治的憎恨，她与学校的高明世、范淑杰一起被同学们称为“女师三杰”。1934 年夏天，经高明世等人的介绍，冷云秘密加入中国共产党。不久在师范班里成立了第一个女同学党小组，在学生中秘密开展革命活动。

1935 年 12 月底，冷云从师范班毕业，被派回悦来镇南门里初级小学当教师，讲授算术、语文、图画、音乐、体育等课程，并担任班主任。她对学生总是像慈母般的耐心教导，孜孜不倦，从不打骂学生，对男女同学一视同仁。除了正常教学外，她还经常给学生讲“岳母刺字”“岳飞抗击金兵”和“杨家将”等故事。她教育学生说：“英雄要爱自己的国家，打击外来侵略者。”她经常参加支部会议，秘密开展抗日活动，搜集日伪情报，为粉碎日本侵略者的“三光”政策，起了重要作用。

就在这个时候，冷云遭遇了一段让她深恶痛绝的包办婚姻的纠缠。她的父母给她包办的未婚夫叫孙翰琪，是一名欺压百姓的伪警察。为了摆脱这桩包办的婚事，冷云曾请求党组织的帮助，但组织上为了不暴露组织目标，同时也希望她能争取孙翰琪改邪归正，最终劝说冷云接受了这段婚姻。

但不幸的是，婚后的孙翰琪恶习不改，本性难移，是个死心塌地的汉奸，不仅无法争取，而且再拖下去还有暴露组织的危险。在这种情况下，经过组织的考虑和安排，冷云与进步青年吉乃臣以“私奔”之名，离开了家乡，投奔抗联部队。此时，郑志民改名为冷云，是取唐诗名句“冷云虚水石”的意境。吉乃臣更名为周维仁。

1936 年 8 月 18 日，二人到达抗联五军，见到了军长周保中。周保中对他们投笔从戎参加革命的做法给予高度赞扬，并安排他们到后方密营军部秘书处工作。在不断的工作和生活的接触中，冷云和周维仁日渐加深了感情，到部队后不久，经中共党组织批准，正式结为革命伴侣，实现了他们隐藏在心底的夙愿。1938 年春，冷云在密营里生下了一个小女孩。但不久后，周维仁在一次战斗中不幸牺牲。冷云忍受着失去爱人的沉重打击，坚持工作。1938 年 5 月，由于不断遭到日寇的“围剿”，抗联部队决定战略西征，冷云任妇女团政治指导员。为了能全身心投入战斗，冷云忍痛将刚生下来两个月的小女儿托付给一位朝鲜族农民抚养，自己随军西征。她牺牲时年仅 23 岁。

杨贵珍，中共党员，班长。1920 年农历十月出生于黑龙江省林口县东柳树河子村的一个贫苦家庭。她 7 岁丧母，10 岁持家，15 岁出嫁。婚后不久丈夫病故，婆家欲将她远卖他乡，她因拒绝而经常遭受公婆打骂。1936 年，抗联五军来到她家乡一带活动，她在女兵队长的教育下，思想觉悟不断提高。1936 年冬，她在抗联队伍的引导下，冲破封建礼教的束缚，毅然离开家庭，参加了抗联队伍，在小锅盔山和四道河子沟里抗联密营被服厂工作。1937 年加入中国共产党，1938 年 7 月随军西征。她牺牲时只有 18 岁。

安顺福，朝鲜族，中共党员。1915 年出生于黑龙江省穆棱县穆棱镇新安屯的一个贫苦农民家庭。1931 年九一八事变后，她就开始随父兄一起参加抗日救亡活动，是新安屯抗日儿童团员。1933 年 1 月，由于叛徒出卖，敌人对新安屯进行大搜捕，三十多名共产党员和爱国志士被捕，七人被活埋，其中就包括安顺福的父亲和弟弟！此后，由于她出色的工作，先后加入共青团和中国共产党。1934 年她参加了抗联四军，任四军被服厂厂长。丈夫朴德山，是抗联四军四团政委，婚后不久在战斗中牺牲。她牺牲时年仅 23 岁。

郭桂琴，战士，1922 年出生于黑龙江省勃利县（一说为 1920 年 12 月生于黑龙江省林口县刁翎镇河西村——笔者注），乳名菊花。她早年丧母，寄养在外祖母家。1936 年春，在抗联五军一位王连长和一位女战士的引导下，她毅然剪掉长辫子，离开外祖母家，参加了抗联队伍。她牺牲时只有 16 岁。

王惠民，战士，1925 年出生于黑龙江省林口县刁翎镇四合村。家里姐弟一大帮，房子被日本兵烧毁，居无定所。父亲外号“王皮袄”，是抗联五军的一位副官，家里经常有抗联人员来往。王惠民 11 岁随父亲参加抗联队伍，不久后，父亲英勇牺牲。第二年，她也为革命献出了年轻的生命，年仅 13 岁。

胡秀芝，中共党员，班长。1918 年出生于黑龙江省林口县刁翎镇马蹄村，家被日寇“并屯”制造无人区时烧毁。她出嫁后参加了抗联，因作战机智勇敢而闻名于抗联各军，并受到周保中将军的表扬。她牺牲时年仅 20 岁。

黄桂清，战士，1918 年出生于黑龙江省林口县刁翎镇四合村合心屯，全家参加抗日斗争，是支援抗日的“堡垒户”。日寇在实行“三光”政策时，将黄家烧毁，家人失踪。黄桂清参加抗联五军后，在妇女队工作，工作积极，好学上进，作战勇敢。她牺牲时年仅 20 岁。

李凤善，朝鲜族，战士，1918 年出生于黑龙江省林口县龙爪镇。李凤善长得漂亮，能歌善舞，参军后，在妇女队工作，做服装是一把好手。经常随队下连，为战士们缝制衣服，受到战士们的赞扬。她牺牲时年仅 20 岁。

八女牺牲之时，年龄最大的是冷云和安顺福，也只有 23 岁；而年幼者如王惠民，仅仅 13 岁！读罢她们的生平事迹和英雄壮举，我们不禁思绪翻滚，心潮澎湃，当年八位年轻的姑娘伫立江心、相互搀扶、视死如归、英勇战斗的情景仿佛又呈现在我们的眼前。今天，我们的伟大祖国，在改革开放、实现中华民族伟大复兴的征程中，已经发生了翻天覆地的变化，昂然屹立于世界民族之林，人民过着幸福和谐的生活。这与革命先烈的爱国献身精神是永远分不开的！她们将永远活在我们的心中，激励我们奋勇前进！

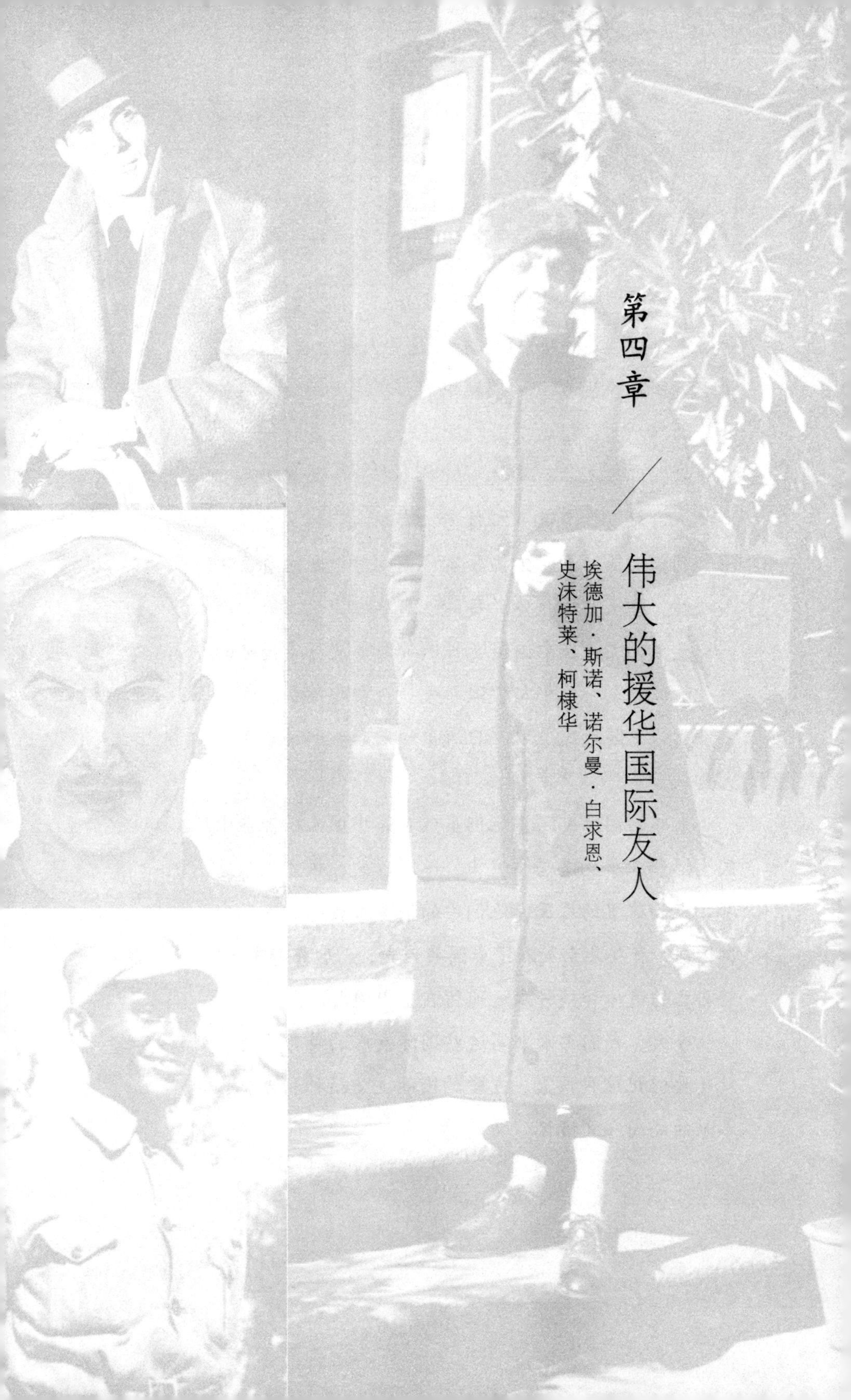

第四章

伟大的援华国际友人

埃德加·斯诺、诺尔曼·白求恩、史沫特莱、柯棣华

1937 年 7 月，中国全面抗战开始，许多国际友人纷纷来到中国，援助中国抗战。这些人来自世界各地，千里迢迢甚至远渡重洋来到中国，在战火纷飞、艰苦危险的环境中，帮助中国人民进行抗战的各种活动。来华的国际友人中，有政府官员，有社会知名人士，有作家、记者，有医务工作者，有军人、指挥官等。他们的出身、职业、信仰各有不同，对中国的看法不尽一致，甚至前来援华的目的也不尽相同，但他们有一点是共同的：在中国遭受日本帝国主义野蛮侵略的最危险的时刻，他们与中国人民一道奋起反抗，艰苦奋斗，为中国人民争取抗日战争的最后胜利作出了巨大贡献。

来华的国际友人，他们虽然不是中国人，但在中国生活和斗争的艰苦岁月中，逐渐喜欢、热爱上了这片热土和这里的人民，他们中的很多人毅然加入了中国国籍，有些甚至加入了中国共产党，死后葬身中国，将自己的遗体和精神永远地留在了中国大地上。

今天，我们再来书写这些国际友人的英雄事迹，就是要铭记这种博大、友爱的国际主义精神和无私、奉献的高尚人文情怀。

闪耀世界的“红星”——埃德加·斯诺

“那是6月初，北京披上了春天的绿装，无数的杨柳和巍峨的松柏把紫禁城变成了一个迷人的奇境；在许多清幽的花园里，人们很难相信在金碧辉煌的宫殿的大屋顶外边，还有一个辛劳的、饥饿的、革命的和受到外国侵略的中国。在这里，饱食终日的外国人可以在自己的小小的世外桃源里过着喝威士忌酒掺苏打水、打马球和网球、闲聊天的生活，无忧无虑地完全不觉得这个伟大城市的无声的绝缘的城墙外面的人间脉搏。”

这段美妙的、富有诗意又很写实的文字，出自20世纪30年代在英国伦敦出版的一本名为《红星照耀中国》（*RED STAR OVER CHINA*）的书中。这本书在伦敦问世后，几周内就卖出10多万册，到年底时，已再版5次。次年1月，它在美国出版后，成为美国有关远东时局问题最畅销的书籍。

这本书的作者名叫埃德加·斯诺，是20世纪美国著名的记者和作家。他于1928年来到中国。最初他只是带着一颗“探险”的心前来游玩，并计划在中国停留6个星期，但后来，他却在中国居留了13年。13年中，他用勇敢、诚实而又敏锐的笔触，进行了20世纪上半叶有关中国和中国人民的真实报道。而这些报道，给世界打开了一扇了解中国人民、中国革命的重要窗口。

埃德加·斯诺在中国。1933年摄于北京。

埃德加·斯诺在陕北采访时用的电影摄影机

埃德加·斯诺的西装上衣

到上海——发现苦难大众

埃德加·斯诺于 1905 年 7 月 19 日出生在美国密苏里州堪萨斯城。他的父亲为印刷工、出版商，其母是爱尔兰的一位德国后裔。斯诺早年当过印刷厂搬运工、药店伙计和铁路工人，酷爱旅行和阅读探险作品。1922 年的夏天，当他还是个高中生时，他曾携友漫游加利福尼亚州。那年夏天当他风餐露宿、历尽艰险终于到达美国西海岸时，他欣喜若狂。面对着波澜壮阔、浩瀚无际的太平洋，他的心底突然升起一个宏伟的愿望："太平洋，你这个庞然大物，总有一天我要征服你，去看看彼岸的世界！"他向往着有朝一日"到世界各地漫游冒险一番"。

于是，1928 年初春，斯诺带着他"漫游冒险"的周密计划，偷乘一艘轮船来到日本。没多久，他便从日本来到了当时的"东方巴黎"——中国上海。斯诺到达上海之时，正是蒋介石发动反革命政变的第二年，中国正处在大革命后的低潮。斯诺原来只打算在中国待 6 个星期，但在这里的所见所闻，让他改变了想法。他从此正式开始了记者生涯，并把自己与中国人民的命运紧紧地联结在了一起。

斯诺到上海后，先后在美国独立创办的《密勒氏评论报》和《芝加哥论坛报》从事一些媒体报道及编辑工作。在领略过夏威夷的美丽和日本的妩媚之后，斯诺对被称为"冒险家乐园"的上海感到一些困惑："十分新的事物和十分旧的事物形成鲜明对照，环境丑恶不堪，各国来投机的人吵吵嚷嚷地操着不同的语言，人们直言不讳地宣称金钱就是一切，这种俗不可耐的现象使我感到迷惑、诧异。"上海如此，那中国的其他地方呢？于是，斯诺决定去被某些欧洲人称为"饥荒地区"的中国西北地区看一看。

从北京出发，经过张家口、呼和浩特（笔者注：当时称为“归绥”）、包头，一路向西，一直到达这条线路的终点站——塞外小镇萨拉齐。这一路，斯诺饱览了中国广袤而美丽的西域风光，但沿途所看到的水深火热中的中国劳苦大众更让他触目惊心：连年的天灾战乱，使这一带赤地千里、饿殍遍野。500 万人被活活饿死，还有 2000 万人在死亡线上挣扎，而国民党当局没有采取任何切实的救灾措施。斯诺在自己的《复始之旅》一书中回忆在萨拉齐看到的一幕说：“奄奄一息的人东一个西一个地坐在或躺在自己家门口的台阶上，神情麻木……一个光着身子、骨瘦如柴的小孩，由于吃树叶和锯末充饥的缘故，肚子像只气球。他使劲摇着他父亲的尸体……两位年轻妇女，她们身体瘦得像一家中国肉铺里挂着的腊鸭……都衣不蔽体，干瘪的乳房像空纸袋一样垂于胸前。她们昏倒在村里的大路上……死人是如此之多，只能在城墙外挖一条浅沟掩埋了事……往往尸首还来不及掩埋就不翼而飞了。有的村子里，公开卖人肉。”

这一次特殊的“西部之旅”，使斯诺的思想发生了深刻的变化，他心中不禁产生了想对中国老百姓有所帮助的强烈冲动。于是，他整理了在这次灾区采访到的许多内容和拍摄的许多灾难照片，写成了《拯救二十五个生灵》等一系列现场报道，发表在上海和美国的很多报纸上，以唤起当局和国际组织对中国苦难民众的关注。

回到上海后，斯诺担任了《密勒氏评论报》代理主编。在这段时间里，他写了一系列有关中国现状和西方在华政治、经济、传教、慈善活动的报道，并接连发表评论，主张取消外国人在华特权。半年后，斯诺辞去《密勒氏评论报》主编一职，开始担任美国“统一报业协会”驻远东旅游记者。此后，他利用工作之便，在亚洲各地自由旅行，报道途中所见所闻。

1931 年九一八事变后，斯诺随中外记者团乘船到大连，又转火车去沈阳报道战事。但是由于蒋介石对日军侵略采取消极抵抗的投降卖国政策，东北军一直退到关内。斯诺看到日寇的铁蹄践踏着中国东北的锦绣大地，竟未见到中国军队守土抗敌的战斗场面，感到非常痛心与失望。次年日军又悍然进攻上海闸北，制造了一·二八事变。出乎日军和西方国家的预料，驻守上海的十九路军在全国人民高涨的爱国热情鼓舞下毅然奋起反击，使日军受到了沉重打击。在一个月时间里，侵略军损失一万余人，四次更换前线总指挥。当时斯诺在硝烟弥漫的战场上，不顾生命危险，紧张地奔波采访，写出了许多战地报道，生动地反映了中国军民抵抗侵略者的英勇与悲壮。这些报道在几周里一直占据美国一些大报的头版位置，引起了读者的广泛关注。淞沪战事不久，斯诺写成并出版了他的第一部著作——《远东前线》。此书以作者大量直接经历的事件为素材，详尽地揭露了日本军国主义者发动侵华战争的真相，分析了这场战争的社会与历史背景，并且歌颂了十九路军和上海人民在抗击日本侵略者时所表现出来的爱国主义精神和大无畏的英雄气概。

住北平——支持民主运动

1932 年圣诞节，斯诺遇到了他的知心伴侣海伦·福斯特，二人在东京举行了婚礼。第二年春天，他们回到中国，安家北平。斯诺出任美国《纽约时报》驻华记者，并应邀兼任燕京大学新闻系讲师。工作之余，他坚持为英美报刊撰稿，同时兴致勃勃地学习中国历史与汉语。斯诺夫妇与燕大的青年有着广泛的接触，一些进步学生喜欢聚集在他们家中谈论国家大事，阅读被国民党查禁的书刊，很多学生领袖还常常到这里躲避特务的搜捕。

1935年底，日本不断加紧侵华步骤，华北局势越来越危急。《何梅协定》签订之后，中国的有识之士发出了“平津危急，华北危急，中国危急”的呐喊。而满怀爱国之心的青年学生，更是义愤填膺，纷纷以各种形式的活动进行抗议。

斯诺对此极为关注。出于同情和正义之心，他不断以燕京大学教师的身份接近周围的青年学生，并积极支持和参与学生们的爱国运动。他的家此时更是成了许多爱国进步学生和中共地下党聚会的场所，后来发生的著名的一二·九运动的具体行动步骤就是在他家里商定的。运动之前，斯诺夫妇连夜把学生们拟好的《平津十校学生自治会为抗日救国争自由宣言》译成了英文，并及时分送到驻北京的各国记者手里，恳请他们向国外发出通讯。同时，斯诺还联系当时驻京津的许多外国记者届时前往采访。斯诺连夜向英国的《每日先驱报》和美国的《太阳报》发去专电，向这两个媒体解释了此次运动的目的和意义。

12月9日清晨，斯诺夫妇冒着凛冽的寒风与游行的学生们一路相随，对游行情况做了如实记录，并拍摄了许多弥足珍贵的照片。这次示威游行活动使斯诺深切感受到了中国知识青年的拳拳爱国之心，和面对外敌所表现出来的勇气与力量。当晚，他就向国内外多家报刊发表现场报道，声援学生运动。运动过后，斯诺还协助爱国青年南下转移，掩护他们脱险。许多当年参加过一二·九运动的中共地下党员后来回忆说，像斯诺夫妇这样的外国人，尽管是不自觉的，但在客观上，他们确实是“帮助我们党发动了这场席卷全国的一二·九运动”。

访苏区——红星闪耀中国

在中国的几年里，斯诺听到了很多关于“红色中国”的传说和疑问，他的脑海中一直在思考着这样一个问题：中国共产党是否真的是南京政府所说的“流寇”“共匪”？如果是真的，为什么还有成千上万的人冒着被处决的危险去参加红军呢？为了解开自己心中的这些疑惑，斯诺努力寻找着去“神秘”的延安采访的机会。

1936 年 6 月，在好友宋庆龄的联系与帮助下，斯诺的这个愿望终于得以实现。

6 月 3 日午夜，斯诺带着毛泽东主席的介绍信以及照相机、笔记本等，登上一列破损陈旧的列车，驶离北京。到达郑州后，斯诺与从上海出发的马海德医生会合，一同抵达西安。很快，斯诺又和上海地下党派来的化名“王牧师”的董健吾接上了头。在“王牧师”等人的帮助与联络下，7 月 5 日黎明，斯诺和马海德乘坐一辆持有军事通行证的东北军卡车，隐蔽在车上一捆捆的棉军衣下，随车出了戒备森严的西安城门；又闯过一道道关口，于次日午后到达东北军占领的延安。7 月 8 日，他们在一名马夫的带领下，进入苏区安塞县境内。次日，在白家坪的红军前沿指挥所，斯诺等人见到了周恩来。在指挥所的小炕桌旁，周恩来与斯诺长谈了两天，为他拟定了苏区采访计划，并向设在保安的红军总部拍了电报。斯诺和马海德骑马到达保安时，受到了隆重欢迎。7 月 16 日，毛泽东正式会见斯诺，与他谈了中国共产党对国内外时局的看法。在保安逗留几天后，斯诺于 7 月底前往甘肃、宁夏访问西征前线的红军。8 月中旬，斯诺来到了红军一军司令部所在地——宁夏同心县预旺堡。在那里，斯诺参加了军民联欢会，应邀发表了热情洋溢的演说。他同时见到了彭德怀、聂荣臻等。在西征前线，斯诺与红军指战员进行了广泛交谈。红军二万五千里长征的壮举与神奇令他着迷。窑工出身的军团长徐海东，向他控诉了国民党匪军血洗鄂豫皖苏区的滔天罪行，使斯诺进一步看清了国民党反动派的狰狞面目，了解了红军英勇战斗的原因。

9月22日，斯诺从西征前线回到保安。他遍访了苏区领导人，全面考察了苏区政治、经济、文化、教育等各方面情况。从9月23日起，毛泽东在自己的窑洞里，由黄华、关亮平做翻译，与斯诺谈了19个夜晚。毛泽东先后向他发表了《论统一战线》《中国共产党和世界事务》的谈话。毛泽东还应斯诺的要求，第一次对外界披露了自己的个人身世。

4个月的苏区之行，使斯诺获得了大量有关中国共产党领导革命斗争的第一手材料。他看到了一个人民当家作主的崭新世界，认识到人民革命胜利是历史的必然规律。他好像是哥伦布发现了新大陆一样，在这里找到了真正的“东方魅力”。10月中旬，斯诺告别了苏区，带着十几本笔记、30卷胶卷和不少苏区出版的文字材料，乘坐一辆装满残损军械的国民党卡车，通过封锁线抵达西安。10月底，斯诺又回到了北京。他原想暂不露面，把一篇篇新闻稿写好后托人带到中国以外的地方发表。不料西安传出谣言，说斯诺已被红军“处死”，美联社也信以为真转发了电讯报道。斯诺立即于11月初在美国使馆举行了记者招待会，把成功采访苏区的新闻公布于世。各报社闻讯后，约稿的信件如雪片般飞来。11月14日，《密勒氏评论报》率先发表了毛泽东和斯诺的部分谈话，并配发了毛泽东头戴红军帽的照片。接着英国《每日先驱报》、美国《星期六晚邮报》等纷纷在显著位置刊登了斯诺的文字报道和新闻照片。1937年2月，新创刊的美国《生活》画报破纪录地发表了斯诺拍摄的75张苏区照片。

这些爆炸性消息在世界各地引起了巨大震动。南京国民政府先是放风说斯诺从未到过苏区，继而又以取消斯诺记者资格相威胁。斯诺不顾当时北京环境的险恶，一面加快节奏写苏区报道，一面在集会及其他场合，向人们报告自己在苏区的见闻，并展示他拍摄的一幅幅照片。1937 年 7 月 7 日，日本帝国主义制造了“卢沟桥事变”。也就是在这时，斯诺写完了最后一篇苏区报道。之后，他把全部报道汇编成册，寄往伦敦。同年 10 月，英国戈兰茨出版公司出版了这本书，这就是著名的《红星照耀中国》。此书出版后，轰动了世界，短短几周就销售 10 多万册，数次再版。与此同时，在中国，由当时在上海救亡协会国际宣传委员会工作的胡愈之约请梅益、王任叔、胡仲持等十几个人，集体翻译了《红星照耀中国》中译本，并以“复社”名义于 1938 年 2 月在上海出版。为了躲过国民党当局和日寇耳目，书名改为《西行漫记》。中文版甫一出版后，即刻售罄，短期内重印了五六次，仅上海一地就印了 5 万册。成千上万的人通过《红星照耀中国》一书，了解了中国共产党和中国工农红军的真实形象，从而摧毁了帝国主义、国民党反动派对“赤匪”的种种攻击和污蔑。不少国际友人，如白求恩、柯棣华、韩丁、阳早等，也都读过这本书，并从中受到鼓舞和感染。曾连任数届的美国总统罗斯福看过此书后，成为一名忠实的“斯诺粉”，先后三次接见他，并亲自推销他的著作。

中国抗日战争开始后，斯诺说：“现在中国的事业也就是我的事业了。”他成了一名坚定支持中国抗日的反法西斯战士。他想方设法掩护遭到敌人追捕的进步教授和学生，帮助他们逃脱虎口。这些受到帮助的人很多一出北京城就投奔了抗日游击队，后来成为抗日队伍的中坚力量。八一三淞沪会战爆发后，斯诺又以伦敦《每日先驱报》驻远东首席记者的身份对上海进行了采访。为了在经济上支持中国抗日，斯诺夫妇还和路易·艾黎等发起组织“中国工业合作促进会”，四处募集抗日物资。1939 年 9 月，斯诺以该促进会国际委员会代表兼记者身份重访陕北苏区，再次同毛泽东进行了谈话，并详细调查了抗日根据地的政权组织建设等各方面的情况，进而又一次向全世界作了报道。

人虽逝——一颗“红心”永留中国

1941 年 1 月，在抗日战争最艰苦的日子里，国民党制造了震惊中外的“皖南事变”。得知详情的斯诺无比痛心和愤怒，他马上在美国《纽约先驱论坛报》上发表了关于“皖南事变”的详细报道，将事实真相公之于世。此举使国民党当局大为恼火，斯诺在中国的采访权利随即被剥夺。就这样，斯诺被迫离开了生活 13 年的中国。

“我的形骸虽然离开了，但是我的心依然留在中国。”斯诺临走之前说了这样的话。他在回国之后，依然积极地向美国各界宣传中国人民的英勇抗战，四处奔走为中国抗战募集资金。

中华人民共和国成立后，斯诺先后三次对中国进行长时间的访问，成为那个特殊年代里中美交流的重要使者，为两国关系的发展作出了卓越贡献。

1960 年 6 月 28 日，斯诺来华访问，成为当时唯一被批准访问中国的美国人。他的足迹遍布中国 14 个省，参观了农村、工厂、监狱等，正式采访了 70 余人，并直接带回了中国希望恢复与美国谈判的信号。1964 年 10 月，斯诺第二次访问新中国，直到次年才离开。其间，周恩来和他两次长谈，毛泽东在人民大会堂接见了他。这两位领导人都托斯诺这位友谊的使者，给美国人民捎去中国人

1929 年埃德加·斯诺在上海与中国孩子合影

民的问候。斯诺在这次访华时，拍摄了一部纪录影片《人类的四分之一》，反映了新中国的成就和人民生活的现状。1970 年 8 月，斯诺偕夫人第三次访华。10 月 1 日，他们登上了天安门城楼，观看了国庆游行，并与毛泽东主席、周恩来总理一起照了相。观察敏锐的人们看到这幅照片后，预感到这是中美关系将有重要变化的信号。不久，毛主席在中南海书房里与斯诺进行了 5 个小时的长谈。1971 年 4 月 30 日，斯诺在美国《生活》杂志上发表了他的最后一篇“独家内幕新闻”，其中透露了毛泽东主席对他讲的原话：如果理查德·尼克松访问中国，无论是以旅游者的身份还是以美国总统的身份都会受到欢迎。

对此尼克松政府很快作出了积极反应。然而，正当中美两国关系正常化即将实现、尼克松准备前往中国访问的前夕，潜伏在斯诺体内的胰腺癌已发展到晚期，斯诺的生命危在旦夕。得知斯诺病情恶化，中国政府立即派遣以马海德为首的中国医疗队，赶往日内瓦郊区斯诺家中，竭尽全力进行治疗和护理，然而斯诺终因病情过重，难以挽回，于 1972 年 2 月 15 日凌晨，与世长辞。

斯诺在自己的遗嘱中这样写道：“我爱中国，我愿在死后把我的一部分留在那里，就像我活着时那样。”根据斯诺的遗愿，他的一半骨灰安葬在纽约州的哈德逊河畔的旧居旁，一半安葬于北京大学的未名湖畔。

如今，在未名湖畔，那块墓碑依然静卧在蔓草丛生、松树围绕的空地之上，墓碑上书写着一行楷书：“中国人民的美国朋友埃德加·斯诺之墓”。

这是白求恩大夫1930年的自画像，后流转到加拿大麦吉尔大学（白求恩曾在此工作和学习过）保存。1971年11月25日，在麦吉尔大学150周年纪念会上，举办了一场关于白求恩的讲座，中国派了两位知名医生参加了此项活动，并在会上发了言。会后，麦吉尔大学校董会决定将这幅白求恩自画像赠给中国，作为中加两国人民友谊最宝贵的象征。

“毫不利己，专门利人”——诺尔曼·白求恩

1939 年，一位叫约翰·休斯顿的加拿大人，购买了位于安大略省格雷文赫斯特小镇的一栋古老的两层小木楼。随后，约翰·休斯顿一家人搬了进去，并且在这里平静地居住了三十多年。但是，从 1971 年以后，约翰·休斯顿发现，络绎不绝的中国人慕名来到这所房子前，一些中国人还很友好地摸摸他孩子的头。这让他很诧异。两年之后，加拿大政府从约翰·休斯顿手里买下了他的住宅。1976 年 8 月，这套住宅被改成一座名人博物馆，正式对外开放。又过了 20 年，1996 年，加拿大政府将这里确定为国家历史名胜。如今，安大略省的加拿大人没有人不知道这里，没有人不为这里曾经生活过的一位闻名遐迩的“名人老乡”而感到自豪。

与加拿大人对自己的这位名人老乡的“后知后觉”有所不同的是，早在 20 世纪 40 年代之初，这个人在中国几乎已是家喻户晓，尽人皆知了。

他是“一个高尚的人，一个纯粹的人，一个有道德的人，一个脱离了低级趣味的人，一个有益于人民的人”，毛泽东在自己的文章中是这样评价他的。是的，他就是那个“毫不利己，专门利人”的伟大的国际主义战士诺尔曼·白求恩。

对于这样一位我们中国人早已熟知，甚至非常热爱的国际友人，当我们翻看他的在华工作履历时，会惊奇地发现，他 1938 年

白求恩大夫用过的 X 光机

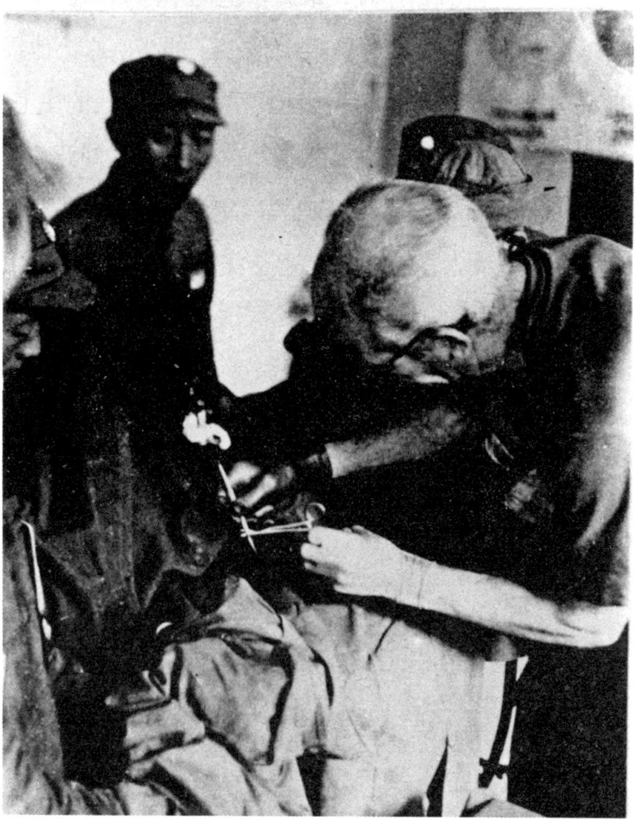

白求恩大夫在松岩口和平医院模范病室做手术

1月20日来到中国，至1939年11月12日逝世，这期间只有短短的一年零九个月又十几天！而在他逝世之后，聂荣臻亲自将他入殓，书法家舒同亲笔为他题写墓碑，晋察冀边区的数万人为他举行追悼大会，毛泽东主席亲自撰文纪念……那么，在这短短的六百多天中，白求恩究竟做了什么样的事情，能让中国人如此热爱他，并如此纪念他？

放弃优越生活，支援中国抗战

对于当时的中国人来说，他们所了解的白求恩只是一位普通的加拿大医生，一个共产主义战士，为中国抗战事业作出了巨大的贡献。但实际上，白求恩在来华之前，就已经有着非常“传奇”的人生经历：他曾三度中止学业，并投笔从戎，服役于海陆空三军；他在北美医学界已享有非常高的声誉和地位，是世界上屈指可数的胸腔外科专家；他发明了众多医疗器械和医治手段，连当时的英国皇家学院外科学士会都曾邀请他担任名誉会员；他还可称得上是一位“文化青年”，他的文笔极好，曾当过记者，写过小说，创作过诗歌，画过画……

但是，对于白求恩来说，优越的生活、可观的收入、地位、名誉，并不能满足他，他追求的不是个人名利，而是以自己卓越的医术，服务于世界上被压迫的劳苦大众。

1936年7月，德、意法西斯入侵西班牙，西班牙人民奋起抵抗，首都马德里保卫战打得很激烈。加拿大派一个营的志愿军支援西班牙的反法西斯战争。白求恩当时便舍家弃业，义无反顾地参加了志愿军，并担任医疗队长。其间，他不顾生命危险，冒着密集的炮火，在火线上抢救为正义而战的西班牙兄弟。

1937 年 7 月，日本无耻地发动了全面侵华战争。白求恩得到这一消息后，愤慨不已，他觉得此时的中国更需要他，他在西班牙取得的经验对中国会有更大的帮助，于是他决定到中国去。1938 年 1 月 8 日，白求恩率加美援华医疗队乘“亚洲女皇号”邮轮，自加拿大温哥华港启程赴华，1 月 20 日到达武汉。在武汉期间，他看到国民党政府的腐败无能和节节败退的情况，便愤然离开。在宋庆龄的斡旋下，他见到了当时在武汉的中共中央军委副主席周恩来，并于 3 月底设法来到延安。

到延安的第二天晚上，白求恩就见到了美国记者斯诺在《红星照耀中国》中所描述的那个伟大的人物——毛泽东。二人一见如故，进行了三个多小时的谈话。对于这次谈话，白求恩印象非常深刻，也颇受鼓舞，他在自己日记中写道：“我在那间没有任何陈设的房间里，和毛泽东面对面地坐着，倾听他从容不迫的谈话时，我想到了长征，想到他领导红军，经过二万五千里的长途跋涉……从而挽救了中国革命。我明白了为什么毛泽东那样感动着每一个和他见面的人，这是一个巨人，他是我们世界上最伟大的人物之一。”

在延安短暂停留之后，白求恩便急切地要求到前线去，到战士们最需要他的地方去。于是，经过安排，白求恩医疗队被派往晋察冀军区所在地——五台山。

1938 年 6 月 17 日，白求恩到达山西五台县金岗库村。在这里，他受到晋察冀军区司令员聂荣臻和卫生部部长叶青山等人的热烈欢迎，并被聘为晋察冀军区卫生顾问。

在到达晋察冀军区的第二天，白求恩便不顾近两个月长途跋涉的疲劳，立即投入紧张的工作。他带领医疗队翻过两道山岭，到达 20 公里以外的军区后方医院，对住在那里的 500 多名伤员进行了全面检查，接着开始做手术进行治疗。这些伤员大多是 1937

年9月在平型关大战中负伤的，八九个月的时间，一直没有得到有效的治疗。白求恩对每一个伤员都进行了非常细致的检查，任何轻微的创伤都不放过。他连续工作了四周的时间，成功治愈了147名伤员，使他们重返前线。

为了能在更大范围内更为有效地医治伤员，他提出了创建一个较正规的医院的建议，得到聂荣臻司令员的赞同。于是他想方设法克服物质方面的各种困难，改善医疗器材设备条件，亲自绘图设计，并指导铁匠做钳子、镊子、探针，指导木匠做夹板、拐杖及各种木质器材，指导裁缝做适合伤病员穿的衣服和用的被褥、枕头。他常给医生们讲："一个战地外科医生，同时还要会做铁匠、木匠、裁缝和理发师的工作，这样才是一个好的外科医生。"医院的医护人员水平不高，他便不辞劳苦言传身教。白天检查伤病员，做手术时就组织医生护士观摩学习，边操作边讲解；晚上又给大家讲课，系统提高医护人员的技术水平。没有课本，他就牺牲睡眠时间，深夜在油灯下编写讲义。他总是早晨5点多钟起床，一直忙到深夜12点以后，从不虚度一分钟。在白求恩这种废寝忘食、费尽心血的组织领导和培训教育下，军区医院的医疗器械设备得到了很大的改善，医务人员的技术水平也大大提高，许多伤病员都得到了很好的治疗，伤病员的死亡率显著减少，出院率增加了50%以上。军区医院也逐渐发展成了八路军的模范医院，这就是后来著名的"白求恩国际和平医院"。

跃马救伤员，创立"献血库"

1938年9月下旬，日寇开始了冬季"扫荡"。白求恩率领医疗队来到晋察冀分区。有一次他深更半夜出来检查病房，发现

白求恩大夫和八路军战士的合影

有十几个伤员没有被子盖，就立即回到寝室把自己的那床绸面被子送到病房给了一个重伤员。军区卫生部徐部长也拿来了自己的被子。在他们的带动下，十几个伤员的被子问题都解决了。这时三五九旅王震旅长发来电报，说他那里有十几个伤员需要救治，白求恩立即出发，走了 150 里山路，来到三五九旅卫生部。一进门，他连口水都没喝，就先问“伤员在哪里”。他一口气检查了 30 多个伤员，并为 5 个重伤员做了手术。

白求恩对待工作非常严肃认真，一丝不苟，而且不知疲倦。在三五九旅卫生部的两个休养所，他检查了 100 多名伤员之后，又带领手术队来到前线，在离火线两公里半的一个村子，一连 40 个小时为 71 名伤员做了手术。这里手术刚结束，又接到一个电话说，距这里 25 公里处有一个团级干部叫彭庆云，因右臂受伤流血不止，神智昏迷，生命垂危。得知消息后，白求恩完全忘记了自己的疲劳，立即翻身上马飞驰到伤员那里。由于白求恩的及时赶到，这位同志从死亡的边缘被拉了回来。在救治完彭庆云后，白求恩没有片刻休息，又立即骑马返回。

除了“跃马救伤员”，尤其让人感动的是白求恩“输血救人”的事迹。有一次，一个股骨骨折的伤员，需要做断肢手术，但这个伤员因失血过多，体温过高，精神萎靡，达不到手术条件，于是白求恩决定先给伤员输血。但“输血”在当时来说还是一个比较新鲜的技术，整个中国也只有大城市的少数几家医院才能开展。在这样艰苦简陋的野战医疗条件下输血，是人们连想都不敢想的事情。看到大家面面相觑、疑惑万分的表情，白求恩立刻明白了原委，他随即躺在这名伤员的身边，吩咐别的医生说：“我是 O 型血，万能血型，来，输我的。”就这样，白求恩将自己的血输进了中国伤员的身上，使他重获新生，并在三个星期之后恢复了健康。

事实胜于雄辩，白求恩亲身示范输血救人，使得人们对输血的恐惧感顿时消失。消息传开，边区的农会、武委会、妇救会纷纷响应，上千人报名献血，很快组成了一支150人的献血预备队，很多伤员因此而获得有效的救治，被挽救了生命。白大夫高兴地称之为“群众血库”。

跟时间赛跑——69个小时，115例手术

1939年春，白求恩带领一支18人组成的医疗队穿过平汉铁路封锁线，来到冀中前线。冀中平原游击区对北宁、平汉、津浦三条铁路线威胁最大，所以日军对冀中平原的“扫荡”较其他地区更为频繁，战事不断。4月下旬，一二〇师在冀中平原的齐会镇与日寇展开了一场激烈的战斗。白求恩率领医疗队在距离前线战场只有不到2公里的齐会镇南温家屯的一个小庙里搭建手术台，抢救伤员。伤员很多，他非常专注地给伤员做手术，丝毫没有考虑到自己的安全问题。由于离前线太近，敌人的炮弹不时在小庙周围爆炸，敌机也不断地轰炸扫射，小庙的后墙被震塌一大片。一二〇师的同志都劝白求恩说这边太危险，手术台最好向后转移。白求恩拒绝道：“不能转移，军医离火线越近越好，转移远了，伤员送到的时间就要延长，会增加伤员的死亡率。伤员越早救护越好，同样一个伤员，早一小时救护能活，晚一个小时，他就会死的。”他的这番话，使大家深受感动。但是，为了白求恩大夫的安全，大家都表示愿意自己留下来，让他转移到安全的地方。他一听到这些话，就忙说：“危险！火线上才危险哩，那里随时都要死人，战士们在火线上不怕危险，你们不怕，我怕什么危险呢？做军医工作就是要和战士们在一起，即使牺牲了，也是光荣的。同法西

斯作战就是不安全的，如果怕不安全，我就不到中国来了。”由于他的坚持，手术台始终没有向后转移一步。

此役，我军共击毙日军700余人，取得了重大胜利，但我们自己也有200多人负伤。为了挽救这些抗日英雄，白求恩坚持在手术台上连续工作三天三夜，中间总共休息了两三个小时。每当同志们劝他休息时，他都会指着外边的伤员说：“伤员这么多，这么痛苦，我们休息是不应该的。要把手术做完我才能好好休息。”由于他这种忘我的工作，69个小时的时间内，他总共为115名伤员做了手术。这些伤员由于得到了及时良好的治疗，大大地降低了死亡和残疾率。很多几乎无法挽救的伤员，最终也得到了救治。

白求恩的高超医术和全心救治伤员的精神，极大地鼓舞和感动了全师上下的广大指战员，大家奋力杀敌，在冲锋时会齐声喊道：“同志们，冲啊！受了伤不要紧，白大夫在我们后边哪！”

齐会战斗结束之后，7月初，白求恩和他的医疗队回到了冀西山区。他了解到解放区的医疗器械和药品太过缺乏，便想回加拿大和美国进行募捐，购买一批药品和医疗器械，并想在圣诞节前赶到家中与70多岁的老母亲团聚一下。这一想法很快得到了党中央的同意。1939年10月，军区为他举行了欢送会。然而就在这时，日寇向边区发动了大规模的“扫荡”。听说前方战事吃紧，又有很多伤员，白求恩立即推迟了他的回国计划，马上率领医疗队赶到战斗最激烈的涞源县摩天岭前线。

为了缩短伤员的痛苦时间，减少伤员残疾和死亡的几率，白求恩一如既往地将手术台设在离战场很近的地方，马上开始紧张的救治工作。第二天下午，当他正在为一个重伤员做手术时，突然听到紧急报告说山上有一股敌人正向这里袭来，距离只有5公里左右，情况万分紧急。同志们都劝白求恩大夫迅速转移。白求

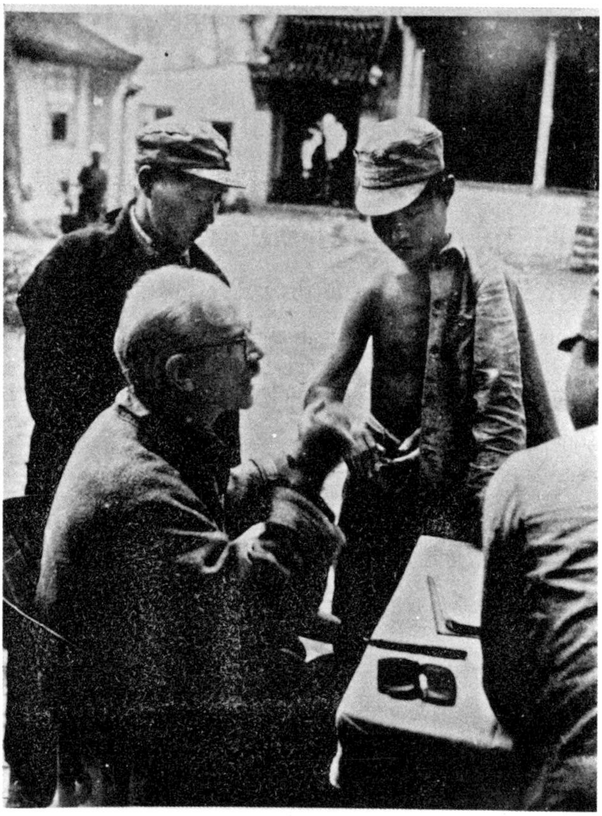

1939年，白求恩大夫给八路军小战士治疗。

恩问道："我们转移，伤员怎么办？"翻译跟他说："把伤员抬着走好了。"白大夫不同意地说："你是翻译，不是医生，要知道伤员的伤越早治越好，早治伤口新鲜容易治好。"当被告知敌人只需40分钟就能步行到这里，白求恩看了看外边的10个待治的伤员，马上对其他医生说："三个人同时做，敌人到来之前，可以做完。"说完，就埋头做起手术来。

半小时后，山谷里突然响起了枪声，这是我方战士与敌人交上火了。这时白求恩正给最后一个伤员做手术，同志们坚持要求他先走，把这个伤员交给别的医生来做。白求恩坚决不肯，一直要坚持到把全部伤员治疗完毕才肯和大家一块撤离。在紧张的工作中，白求恩的左手中指不慎被刀划破。他顾不上为自己包扎，坚持做完最后一例手术。当大家收拾好东西刚刚离开村子，敌人就打到了。

身抱重病，坚持工作至生命最后一息

白求恩受伤的左手中指不久后严重发炎，但他仍坚持带病工作，只要一看到伤员，就立刻忘记了自己的带病之身，奋不顾身地前去抢救。1939 年 11 月 1 日，医疗队回到军区卫生部第一所，在这里他检查出一个患丹毒传染病的伤员，脑袋大了一圈，精神错乱，生命垂危。大家都觉得没有希望救治了，但是高度的革命责任感，让白求恩决定冒险一试，为这名伤员进行了极为复杂的开颅手术。他切开伤员的颅腔，用手伸进去掏出子弹和碎骨片。为了手术的成功率，他来不及考虑自己受伤的手指，赤手操作。手术终获成功，伤员终于被抢救了过来。但不幸的是，白求恩受伤的手指却受到了丹毒病毒的感染。

当天夜里，白求恩便感到极度头痛，浑身疲累，连续 12 小时未能进食。那个感染了病毒的手指肿胀得比平时大了两倍，疼得非常厉害，并引起全身发烧。但回到驻地之后，他一刻也没有休息，第二天又为伤病员做了检查，并为 13 名伤员做了手术。虽然每天按时服药，但是他的病情仍在继续恶化。

看到白求恩根本没有因病而停止工作，大家都很担心。为了让他安心养病，所有同志想方设法封锁前方的战斗消息，有了伤员也不让他知道。卫生部潘主任警示大家，谁要是暴露前方战斗

1938年在晋察冀抗日根据地的白求恩大夫

或有伤员的消息，要受处分。但是，每当白求恩听见枪炮之声，就会立即起床，出门观察。当他看到远处的山峰上有阵阵的炮火硝烟，就断定有激烈的战斗，于是便去质问潘主任："你们为什么骗我？前方打仗了，为什么不告诉我？"潘主任只好说："那里只有小的接触，没有大的战斗。"白求恩坚定地说："小接触用得着飞机大炮吗？别骗我，我相信天空传来的炮火声和飞机声。通知医疗队，我们今天上前方去！"潘主任看着他那个发炎非常严重的手指说："你的手指肿胀得很厉害，你现在不能去，要多休息几天。""休息？现在还不是休息的时候，你知道人类的死敌——法西斯还没有消灭，我们哪能休息啊？"白求恩着急地说。

潘主任实在不忍心让他去，就出了个主意说："现在战斗已经打响，你就是去了，也赶不上。我看让医院通知前方战斗部队，把所有伤员都送到这儿来做手术好不好？”白求恩固执地说：“就是赶不到前线，至少能在半路上碰到，也比在这儿等着好。医生在家里等病人来叩门的时代已经过去了，我们要到伤员那里去，不要等伤员来找我们。”

无奈之下，潘主任只好安排他和医疗队于下午冒雨出发。冬天的北方山区，寒风凛冽，山路陡滑，不好骑马，白求恩带着重病之躯，拄着木棍，迈着沉重的脚步向前方走去。他们在路上碰到从战场上抬下来的伤员时，白求恩快步迎上前去，用手抚摸着伤员。当他看到伤员们有的头部满是血，有的腿部满是血，有的浑身是血，都还没有得到治疗，他连声责备自己：“来迟了，来迟了！”说完后，不禁热泪盈眶。他在自责的同时，却忘了此时自己的病情比伤员还要厉害，还要危险！

此时他的病情急剧恶化，左肘部关节长出了一个大大的脓包，左臂发绿，体温骤增，但他还是坚持要亲自给伤员做手术。可是，当他正要给伤员做手术时，却头晕目眩，浑身无力，连手术刀也拿不住了，不得不躺倒在床上。即便这样，他还是念念不忘伤员，告诉翻译：通知各单位，把负伤的伤员转到这里来，如果有头部、胸部、腹部受伤的，一定要给我看，即使我睡着了，也要叫醒我……

1939 年 11 月 12 日凌晨，白求恩的病情急剧恶化，虽经尽力抢救，终因医治无效而逝世。这一年，他只有 49 岁。与他来华时那种精神干练的样子相比，此时的他看上去白发苍苍，瘦骨嶙峋，像一位老人。

在逝世的前一天，白求恩仍然念念不忘他的工作、同志和伤员。他勉强地用无力的手，给聂荣臻司令员写了人生中的最后一封信，详细安排了今后的工作和建议。这封信至今读来，仍感人至深：

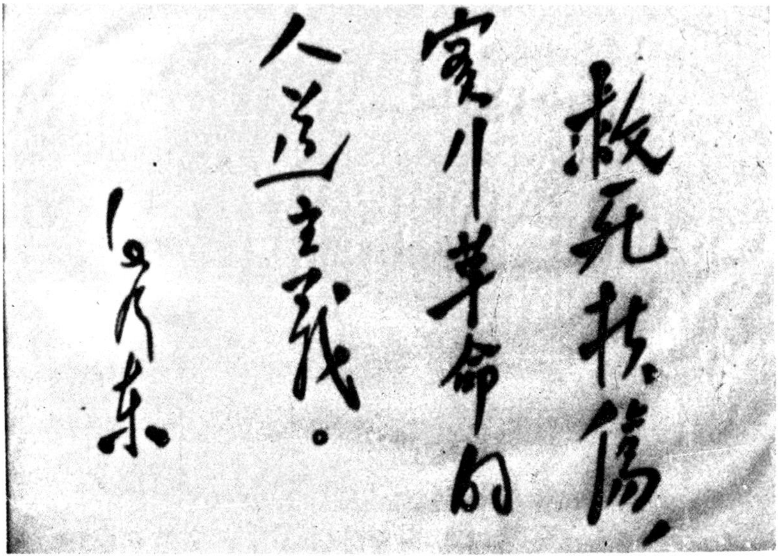

1939 年 12 月，毛泽东追悼白求恩的题词。

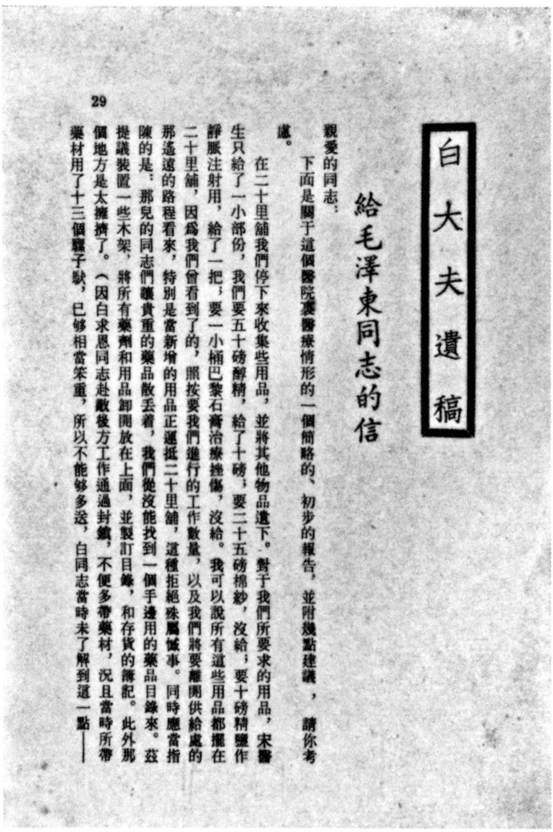

白大夫遺稿

給毛澤東同志的信

親愛的同志：

下面是關于這個醫院裏醫療情形的一個簡略的、初步的報告，並附幾點建議，請你考慮。

在二十里舖我們停下來收集些用品，並將其他物品遺下。對于我們所要求的用品，宋醫生只給了一小部份，我們要五十磅酵精，給了十磅；要二十五磅棉紗，沒給；要十磅精鹽作靜脈注射用，給了一把；要一小桶巴黎石膏治療挫傷，沒給。我可以說所有這些用品都擺在二十里舖，因爲我們曾看到了的，照按要我們進行的工作數量，以及我們將要離開供給處的那遙遠的路程看來，特別是當新增的用品正運抵二十里舖，這種拒絕殊屬憾事。同時應當指陳的是：那兒的同志們讓貴重的藥品散丟着，我們從沒能找到一個手邊用的藥品目錄來。茲提議裝置一些木架，將所有藥劑和用品卸開放在上面，並製訂目錄，和存貨的簿記。此外那個地方是太擁擠了。（因白求恩同志赴敵後方工作通過封鎖，不便多帶藥材，況且當時所帶藥材用了十三個騾子馱，已够相當笨重，所以不能够多送，白同志當時未了解到這一點——

29

白求恩大夫写给毛泽东关于医疗药品情况的信

亲爱的聂司令员：

今天我感觉非常不好，也许我会和你永别了！

……

用同样的内容写给国际援华委员会和加拿大民主和平联盟会。

也写信给美国（共产党）总书记白劳德，并寄上一把缴获的（日军）战刀。

告诉他们，我在这里十分快乐，我唯一的希望是能多有贡献。

……

将我永不变更的友爱送给布克及所有我的加拿大和美国的同志们。

两个行军床，你和聂夫人留下用吧！……

给军区卫生部长两个箱子，游副部长八种手术器械……

给我的勤务员邵一平和炊事员老张每人一床毯子……

每年要买250磅奎宁和300磅铁剂，专为治疗患疟疾者和贫血病患者。千万不要再往保定、天津一带去购买药品，因为那边的价钱要比沪、港贵两倍。

最近两年是我生平最愉快、最有意义的时日……

我不能再写下去了。

让我把千百倍的热忱送给你和其余千百万亲爱的同志。

诺尔曼·白求恩

1939年11月11日

史沫特莱

大地的女儿——史沫特莱

熟悉中国共产党历史的人一定会知道史沫特莱，熟悉中国抗日战争史的人也一定会知道史沫特莱，喜欢鲁迅先生的人也一定会知道史沫特莱……

是的，艾格尼丝·史沫特莱，就是这样一位把自己的一生都和中国人民紧紧联系在一起的美国记者、作家、社会活动家。

她曾说过："我到过很多国家，但无论在哪儿，我总归是一个外国人，只有当我在中国的时候，就不感到自己是一个外国人。不知是什么缘故，在那里，我总认为自己是中国人民中间的一员。我仿佛已经生根在那块土地上了。"

事实的确如此，史沫特莱的一生是和中国结缘的一生，中国人民永远不会忘记在中国灾难深重之时，这位真诚地帮助过他们的杰出女性。

与中国结缘，感受中国人民的苦难

史沫特莱 1892 年出生于美国密苏里州北部奥斯古德的一个贫苦农民家庭。为了谋生，父亲去煤矿当工人。母亲除了繁重的家务和养育孩子之外，还要替人洗衣服以养家糊口，由于过度疲劳和营养不良，三十多岁便离开了人世。此后，史沫特莱离家出走，开始了一种近乎流浪儿的生活。为了生活，她当过报童、侍女、工人、推销员，后来在做打字员的时候，有机会在夜大学习。由于刻苦努力和对生活的热爱，她在文学之路上取得了很大的进步。1917年，她来到纽约，一边工作，一边为社会主义党的报纸《号召》撰稿。1919年，史沫特莱离开美国来到德国，担任英语教师。在这期间，她不断地参与各种革命斗争活动，探寻真理，希望能为被压迫的人民贡献自己的力量。但在繁重的教学工作和紧张的革命斗争中，她病倒了。之后她到丹麦和捷克去疗养，并利用养病之际，完成了自传体小说《大地的女儿》的撰写。

1928年底，史沫特莱作为德国最有影响的报纸《法兰克福日报》的记者，被派往中国。她一踏上中国东北的土地，便以记者的敏锐嗅觉觉察到了日本帝国主义在中国进行的种种侵略活动。于是她立即展开调查，并写成详尽的报道发往报社，但由于种种原因，一直未能刊登。直到1931年九一八事变发生，事实证明了她当初正确的判断和报道，她的文章才被陆续刊登出来。她也因此成为第一位向全世界揭露日本帝国主义在中国东北的侵略行径的女记者。

1929年5月，史沫特莱来到当时中国的政治、经济中心——上海，并在此居住了长达7年的时间。

1929年秋，时任上海社会科学研究所所长，有“现代中国社会科学之父”之称的陈翰笙先生邀请史沫特莱与他一起到富饶的湖区无锡农村作实地调查，了解那里民众的真实生活情况。之后不久，她在中国的另外一个朋友、新西兰著名的社会活动家路易·艾黎，带着她一起参观了当时在上海由外国人开办的工厂的劳工状况。在这些工厂里，史沫特莱亲眼看到了中国工人的高强度工作与低工资收入的悲惨情形。这些亲身实地的考察，使史沫

1938年冬，史沫特莱从延安到长沙为八路军募捐、宣传时与刘良模合影。刘良模，浙江镇海（今宁波）人。著名爱国人士、基督徒。抗战期间，率领中华基督教青年会组织军人服务部和合唱团奔赴各地进行抗日宣传，慰问抗日部队。

特莱对中国社会内部存在的严重不公平现象与中国人民因深受帝国主义压迫而造成贫弱不堪的现实有了深入的了解，产生极大的同情，于是她开始全身心地参与到了中国的革命斗争中。

此时，史沫特莱利用自己特殊的身份，掩护、救助处于危难中的中共地下工作者，为刚刚落脚西北的红军筹集医药物资，俨然是一名中共的“编外”交通员。1931 年 8 月，她协助宋庆龄成立中国民权保障同盟，为营救政治犯奔走呼号。在中共上海地下党组织遭到严重破坏的情况下，史沫特莱救助过不少中共地下工作者，藏匿他们的文件，为他们请医找药，并帮助他们离沪避难。在与革命者的不断接触中，史沫特莱逐渐了解了江西红军斗争的情况，于是她便利用自己担任英文杂志《中国之声》主编的身份，冲破国民党的新闻封锁，为外国报刊撰文报道了江西中央苏区土地革命运动。在中共中央和红军落脚陕北后，她又帮助红军采购药品，并为红军在西安建立药品转运站而积极奔走。

随后，史沫特莱与以鲁迅先生为核心的左翼作家有了广泛的接触，并经常同左翼作家联盟的组织者一起工作，不断向欧洲、苏联、北美、印度宣传和介绍“左联”的文学艺术作品和社会活动。1931 年 2 月，“左联”的五位作家遭国民党当局杀害。史沫特莱立即将鲁迅所写的《为了忘却的记念》一文翻译成英文，发表在美国的《新群众》上。译文发表后，世界各地的作家、艺术家连续发来几百封抗议信和电报，给国民党当局造成极大的舆论压力。

1932 年 1 月 28 日，日本发动了侵略战争，淞沪抗战随即爆发。史沫特莱以战地记者的身份，深入前线，写了不少关于十九路军英勇作战，以及日军的疯狂轰炸给中国人民造成深重苦难的报道文章。由于史沫特莱在她的报道和著作中旗帜鲜明地赞扬和讴歌了中国共产党领导中国人民进行的革命斗争，而受到了国民党反动派的迫害，并于 1933 年初被《法兰克福日报》解除聘约。

援助中国抗战

1933 年 5 月，史沫特莱因身体不好而到苏联疗养。1934 年，她从苏联回到阔别多年的美国老家。但之后不久，她对中国人民及中国革命的牵挂使她决心再次返回中国。1936 年 9 月，在张学良部属的联系安排下，史沫特莱来到西安疗养。1936 年 12 月 12 日，西安事变爆发，张学良、杨虎城在西安华清池扣留了蒋介石，逼蒋联共抗日。事变发生后，史沫特莱以新闻记者的身份，每晚在张学良的司令部进行 40 分钟的英语广播，详细地向全世界报道了西北军杨虎城、东北军张学良两位将军扣押蒋介石，中共代表团从中积极斡旋，逼蒋抗日的事实真相。当时，除了国民党发布的敌视张学良、杨虎城及共产党的官方公报外，史沫特莱的报道成为外界关注西安事变的唯一新闻来源。西安的广播，使史沫特莱成为一个备受关注的人物，被人赞誉为黄土高原上的“白肤女皇”。

1937 年 1 月初，中国共产党正式邀请史沫特莱访问延安。这是史沫特莱一直以来的愿望。刚到延安，史沫特莱就发表了充满激情的演讲，热情赞扬了中国人民抗击日本侵略者的斗争。

在延安，毛泽东、朱德、彭德怀、左权、贺龙、陈赓、萧克、陆定一、丁玲等人分别会见了史沫特莱，其中很多人都与史沫特莱建立了很好的私人关系。朱德在贫困的农村中长大的经历，引起了史沫特莱强烈的共鸣，因而史沫特莱对朱德产生了一种真诚的敬仰之情，并决定为朱德立传。

抗日战争全面爆发后，史沫特莱注意到了抗日军民所遭遇到的困难，她在 1937 年 10 月下旬离开太原去八路军司令部（当时

1938年冬，史沫特莱在长沙向负伤的抗日将士发表讲话。刘良模做翻译。

在晋北）之前，对西北战场伤兵的情况作了报道，呼吁国际社会对中国给予医药援助，并提出成立确保医药援助的外国委员会国际机构。这个报道和呼吁，发表在《密勒氏评论报》上。一个月之后，她又向印度的国大党主席尼赫鲁发出了呼吁，要求他支援八路军。

尼赫鲁很快作出了反应，并决定向中国派遣医疗队。1938 年 10 月，一支包括五名医生和较好装备的医疗队从印度来到延安，开始支援中国人民的革命斗争。在这五位大夫中，柯棣华大夫在抗日战争期间都留在中国，随军参加救护工作，为中国抗日战争中八路军的医疗工作作出了极大的贡献，至今仍然是中印人民友好的象征。

1937 年 9 月中旬，史沫特莱来到西安八路军办事处。之后，史沫特莱跟随八路军总部转战五台山、吕梁山一带，在抗战前线采访，报道八路军深入敌后、放手发动群众、开展游击战争的情况，并把它们汇编成《中国在反击》一书出版。

1938 年 1 月 9 日，史沫特莱到达汉口。在这里，她用手中的笔和照相机，积极向中外人士宣传中国共产党的抗日主张，介绍八路军在敌后英勇杀敌的情况，并第一时间对外报道了平型关大捷、雁门关大捷、火烧阳明堡飞机场等战事。她还到处奔走，建议国民党政府吸取八路军的抗战经验，实行全民抗战。史沫特莱的一系列宣传活动，为争取中外舆论界对中国共产党和八路军的同情、支持，为发展国际统一战线，起到了极大的促进作用。

武汉沦陷后，史沫特莱辗转奔波于华中、华东各地，为八路军和华北游击队征集药品、被服和钱款，同时积极参加战地救护工作。她在皖南新四军部队期间，经常去伤兵医院看望伤员。她对部队的卫生工作特别重视，对伤病员的管理、营养和对妇幼卫生等都很关心。她亲自给伤员喂药、喂饭、洗绷带，做各种护理工作。每当敌机来袭需要疏散时，她总是先往医院跑，大家一再说医院危险，劝她离开，她却说，我要与伤员在一起，非要等到全部伤员都撤离安顿好后才肯离开。

史沫特莱经常到培养新四军人才的军训营中去讲授写作和“民

族抗战与健康”课程。从1938年底到1939年初，在深入新四军军部及其所属各单位了解其医疗设备等方面的情况后，史沫特莱在上海的《密勒氏评论报》详细报道了新四军医院和新四军对药品的需求，这一报道之后由英国的《曼彻斯特卫报》转载，影响极大。同时她还向她的一些英国朋友以及国际红十字会美国分会求援，在国际社会取得了卓有成效的支援。

矢志不渝，埋骨中国

1941年9月，史沫特莱因病返回美国以后，大力宣传中国革命，同时将所得收入几乎全部寄给中国，而自己却节衣缩食，清贫度日。

这期间，史沫特莱依然笔耕不辍，先后在《亚洲》杂志上发表《中国战士的所思所想》《午夜的回忆》，在《新共和》杂志上发表《与中国游击队在一起》《请转告你的同胞》等文章。这些作品都在告诉美国同胞中国抗日战争中的人和事，以引起他们对中国战场的关注。

1943年，在美国洛杉矶，史沫特莱写成《中国的战歌》一书，将她在1938年11月到1940年4月间所亲历的中国抗日部队进行的革命和战争作了系统性的描述，对侵华日军的凶残和中国人民抗战的英雄气概进行了有声有色的描述。这本书出版之后，获得了较好的评价，被誉为第二次世界大战中最佳的战地报道之一，成为美国各界人士了解中国战场，关心中国人民疾苦的一扇重要窗口。

此时，史沫特莱虽然疾病不断加重，但仍积极关注中美关系。太平洋战争爆发后，美国总统罗斯福出于反法西斯全局战略以及美国在远东和南太平洋地区实际利益的考虑，对中国战场日益关注，并加大了对中国人力、物力、财力诸方面的支持和援助。然而，中国的情况十分复杂。国民党虽然在统一战线的旗帜下对日作战，但却不断制造两党摩擦，大量侵吞外援物资，积极反共、消极抗日，导致共产党在得不到任何外援的条件下，艰苦战斗在抗战前线。对此，史沫特莱写了大量的文章和报道，猛烈抨击国民党政府的腐败无能，揭露美国在中国扶持国民党的政治企图。

1950 年 5 月 6 日，史沫特莱因胃溃疡在伦敦住院，手术医治无效，不幸逝世。在她的遗嘱中，仍念念不忘对中国革命的感情：

> 我只有一种忠诚，一个信仰，那就是忠于贫穷和受压迫者的解放。在这个意义上，就是忠于中国正在实现的革命。如果中国大使来到，只要在我的遗体前唱一支歌，我就感激不尽了：那就是中国的国歌《起来》。因为我的心、我的精神在世界任何地方都不能得到安息，除了在中国。因此我希望自己的骨灰和中国已逝的革命者生活在一起。

1951 年 5 月 6 日，在史沫特莱逝世一周年的时候，她的骨灰被带往中国，安放在北京西郊的八宝山革命公墓里，实现了她的遗愿。朱德亲自为其墓碑写了金色的题词：中国人民之友美国革命作家史沫特莱女士之墓。而她特别留给中国的遗物，包括她使用的照相机、打字机以及很多她的私人物品，都已成为中国国家博物馆的珍贵文物。

柯棣华

人民军队的臂助——柯棣华

1942 年 7 月 7 日，一位肤色黝黑、眼窝深陷的外国人，身穿八路军军服，面对鲜红的中国共产党党旗，庄严地举起了右手：“我志愿加入中国共产党。……我决心把我的一切交给中国共产党。我今后的去向由中国共产党决定。我将永远和解放区的军民一起战斗，直到流尽最后一滴血。”

在中国，柯棣华被誉为“第二个白求恩”，他继承了白求恩未竟的事业，在白求恩曾经工作过的地方整整战斗了三个春秋。他像白求恩那样，为了中国人民的解放事业，献出了宝贵而年轻的生命。

柯棣华的名字和白求恩的名字一样，赫然写在中国革命斗争的光辉灿烂的史册上，和中国人民的民族解放事业紧密联系在一起。他的光辉形象深深地刻印在中国人民的记忆中，他崇高的国际主义、共产主义精神和光辉的英雄事迹，将永远激励着一代又一代的中华儿女。

印度援华医疗队

柯棣华，原名德瓦卡纳特·桑塔拉姆·柯棣尼斯，1910 年 10 月出生在印度马哈拉施特拉邦南部的一个小城市绍拉普尔。父亲

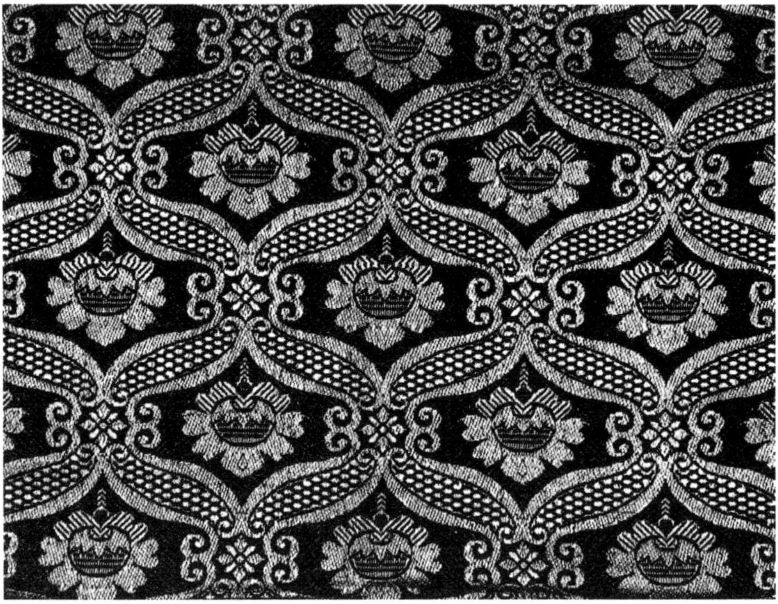

1974年6月，印度柯棣华大夫纪念委员会代表团团员柯棣华小姐（柯棣华大夫的亲妹妹）赠给周恩来总理的礼品——毯子。

是一家纺织厂的职员，家中兄弟姐妹共八人。柯棣是他的姓，到中国后为了表示在这里奋斗的决心，又在姓后面加了一个“华”字。1928年，柯棣华以优异的成绩考入了印度浦那（普纳）的一所贵族学院。1931年又进入了孟买格兰特医学院学习，五年后毕业，获得医学学士学位。此时，柯棣华的父母想让儿子开一家诊所，成家立业，治病救人。然而就在这个时候，德意日法西斯把侵略的魔爪伸向了全世界，欧、亚、非各地迅速燃起了战火。

1937年7月7日，日本悍然发动了全面侵华的卢沟桥事变，中国人民的抗日战争全面爆发。印度的北部邻近中国，为支持中国人民的正义事业，印度国大党领袖尼赫鲁决定组派一支医疗队并携带必需的医药和器械前去援助中国。此时的柯棣华正在孟买医学院附属医院工作，并已做好了报考英国皇家医学院继续深造的准备，但当他听到要派医疗队支持中国抗日的消息后，毅然放弃了考试，申请援华。

柯棣华是一位有着强烈民族精神的有为青年，曾多次参加印度学生反对英国殖民统治的示威游行，并在一次示威活动中被捕过。他决心申请加入援华医疗队，为反抗法西斯侵略尽自己的一份力量。柯棣华在写给父亲的信中说："这次到中国去，可能要冒生命危险，失去深造机会和职业，但我并不认为这些是损失，所以，我毫不犹豫地提出了申请，急切地希望被选中。"柯棣华的母亲知道他要前往异国的消息后，十分不舍。柯棣华拉着前来劝阻的母亲的手说："妈妈，现在有很多中国母亲和姐妹正在遭受侵略者的凌辱和屠杀，为了更多的母亲和姐妹，我才和您分离，到遥远的中国去。"

很快，一支由五名医生组成的援华国际医疗队组建完成，柯棣华就是其中之一。1938 年 9 月 1 日，医疗队登上了开往中国的轮船。9 月 17 日，轮船抵达中国广州，在码头，他们受到了保卫中国同盟主席宋庆龄和何香凝以及几千名广州市民的热烈欢迎。9 月 29 日，医疗队经辗转长沙来到汉口，被中国红十字会编为第十五救护队，并被安排在国民党的汉口陆军医院工作。

在那里，虽然柯棣华等人所得到的待遇很高，但国民党政府官员全然不顾前线国民党军队的连连败退，在后方花天酒地、贪污腐化的行为，令柯棣华感到十分失望。为全面了解中国抗战状况，柯棣华等人来到八路军驻武汉办事处，这里的所见所闻，让他们惊叹不已。柯棣华等人感到中国共产党、八路军才是真正抗日的力量，是中华民族的希望，要想真正支持中国人民的正义事业，就必须到延安去。

1939 年，柯棣华大夫（左二）和战友们合影。

国民党政府知道了印度医疗队要赴延安的消息后，十分恼火，软硬兼施，企图阻止他们，但这丝毫没有动摇医疗队奔赴延安的决心。为了表达他们的决心，在到达延安之前，印度医疗队的每个人都将自己的姓氏之后加一个“华”字。从那以后，人们就亲切地称他们为爱德华、卓克华、柯棣华、巴苏华和木克华。

就在医疗队准备启程到延安的时候，却传来柯棣华父亲去世的噩耗。按照中国的风俗习惯，身为长子的他要第一时间赶回去，为父亲守孝。八路军办事处的同志和医疗队其他人都劝他赶快回国办理丧事，但柯棣华强忍悲痛说："我的家庭确实遭到了巨大的不幸，我感谢父亲能够让我到中国来帮助中国抗日，救助伤员，我要用行动来答谢我的父亲。在没有实现至少在中国援助满一年的承诺之前，我决不回去。"就这样，柯棣华将悲痛掩藏在心底，和医疗队其他成员一起冒着生命危险，冲破一道道关卡，踏上了去往延安的征程。

抗战前线的"黑妈妈"

1939 年 2 月，医疗队冲破了国民党反动派的阻挠和破坏，到达了向往已久的革命圣地延安，受到了毛泽东主席和延安军民的热烈欢迎。在延安，医疗队参观了共产党的机关、学校、工厂和农村。柯棣华深为共产党、八路军在如此艰苦的环境下团结抗战、朝气蓬勃的景象所鼓舞。他看到了中国的希望。同时，医疗队员受到白求恩大夫事迹的鼓舞，要像白求恩大夫那样到前线去。柯棣华就曾直接向毛泽东提出，想到前线去工作。毛泽东并没有同意柯棣华的要求，毛泽东对他说，在抗日的战场上已经牺牲一位白求恩大夫，医疗队员们为了中国的抗日已经作出了很大的牺牲，中国人民感谢你们，为了你们的安全，我不能让你们去冒那么大的风险。柯棣华又要求说，我们到前线去，主要是考虑战场距离"模范医院"太远，有些重病号救治不及时就可能有生命危险。毛泽东最终被柯棣华的真诚所感动，同意了他的请求，并亲自为医疗队饯行。在八路军警卫战士的护送下，医疗队突破日军的军事封锁线，于 1939 年 12 月抵达了八路军一二九师。

到达前线后不久，张店战役打响了，柯棣华随一二九师七七一团上了前线。他们在战斗第一线设立了前沿救护所，分头带领医生、护士抢救伤员。战场上敌军猛烈轰炸，枪弹、炮弹横飞，形成了巨大的火力网，救护所内手术台上的屋顶被震得七零八落。考虑到柯棣华的安全，人们一再劝说他撤下去，可他坚持不肯，甚至发火说:“假如我不能和你们同生死，就不配在八路军里工作！”战斗进行了一天多，柯棣华连续工作 40 多个小时，和大家一起，为 80 多个伤员做了救护手术。

1940 年 6 月，柯棣华来到白求恩曾经战斗过的晋察冀军区，决心“像白求恩那样，献身于全人类的反法西斯事业”。9 月，在百团大战最为紧张的时刻，柯棣华带领战地救护组奔赴涞源一带，坚持把手术室设在离前线一公里左右的地方，在 13 天中接收伤员 800 多名。战斗紧张时，柯棣华曾三昼夜不休息，连续救治伤员，直至战斗取得胜利。

百团大战后，柯棣华担任晋察冀白求恩卫生学校教员兼外科医生，不久被任命为白求恩国际和平医院院长。在紧张的战斗中，他只能挤时间备课，利用短暂的休息时间给学员们上课。由于睡眠严重不足，他在行军途中几次跌倒，把膝部、腕部都摔破了。但不管在什么情况下，只要有伤病员，他便毫不迟疑，立刻赶去治疗。医院里的伤病员和村里的老乡，都亲切地称呼他“贴心大夫”，因为他皮肤黝黑，又被大家称为“黑妈妈”。

中国共产党的“外籍党员”

在日常生活中，柯棣华总是把自己看作普通一兵。由于灾荒和敌人的“扫荡”，晋察冀边区在日常生活上面临着极大的困难。柯棣华拒绝了对他的任何照顾。部队穿越敌占区背粮，他也一起去。行军时，他把马让给伤员骑。战士们吃黑豆、野菜，他也一同吃。

有一次，聂荣臻司令员派人给他送来了一些从敌军缴获来的挂面，他一点不留，全部送给伤病员。他对给予他特殊关照的领导说：“请同志们一定不要把我当成外国人。在这样一个艰苦的时期，把我从战士行列中拉出来，我是十分难过的。”他在给友人的信中说：“我在此期间虽然过着一种前所未有的艰苦生活，但我觉得我充满了活力和愉快。我热爱中国，热爱正在以无穷威力摧毁法西斯暴行的英勇抗战的军民！”

心地善良、直爽活泼、对工作十分热心的柯棣华，不但赢得了战士们的尊重，同时也赢得了一位中国姑娘的芳心。1940 年 9 月，白求恩国际和平医院组织“百团大战救护队”，柯棣华亲自带着卫生学校的学员参加了救护队。在涞（源）灵（丘）战役十几天的战斗中，柯棣华的救护队先后收治了 800 多名伤员，工作量巨大。而八路军的医疗条件又很有限，而且护理人员当中的大部分人也没有受过正规的训练，所以护理质量很低。不过，令柯棣华感到欣慰的是，每逢做手术时，有一位叫郭庆兰的姑娘总会在手术室帮他递拿器械，做术后护理工作。她的技术纯熟且专业，帮了柯棣华很大的忙，他从心里感激这位女教员。此后在工作和学习的朝夕相处中，柯棣华和郭庆兰彼此有了深入的了解，共同为之奋斗的事业成了他们的“红娘”。1941 年 11 月 25 日，在战士们的见证和祝福下，两个人举行了简朴而又喜庆的婚礼。次年 8 月，他们的儿子出生了。聂荣臻司令员知道后，非常高兴，说这是中印友谊的结晶，于是给孩子取名叫“印华”。

面对日寇的频繁“扫荡”，柯棣华打着背包在山林中一边同敌军周旋，一边救治我军伤员，同时认真学习汉语。由于他的聪颖和刻苦学习精神，在很短的时间里，他便可以用汉语进行流利的对话和阅读中文书报了。在院长就职欢迎会上，柯棣华激动地

1940年，王稼祥(左)、滕代远（右）和柯棣华大夫（中）在一起。

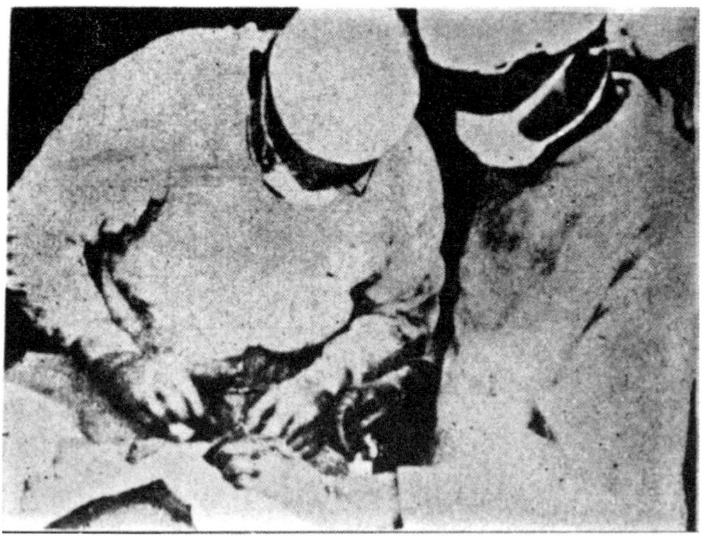

柯棣华大夫在前线为伤员做手术

用汉语说："我决不玷污白求恩的名字，我要像他那样，献身于你们和我们的，也属于全人类的反法西斯事业……"

通过不断的斗争实践和对革命理论的学习，柯棣华正式提出了加入中国共产党的申请。1942 年 7 月 7 日，经江一真介绍、支部大会通过和军区党委批准，这位印度医生光荣地加入了中国共产党，成为我党一名特别的"外籍党员"。

积劳成疾，献出年轻的生命

入党后的柯棣华，更加严格要求自己，更加忘我地工作。每天，他除担负繁重的手术任务外，还总结战地外科工作方面的经验，并撰写名为《外科总论》的教材。

由于条件艰苦，再加上长时间超负荷的工作，柯棣华积劳成疾，患上了重病。党组织多次劝他离职休息治疗，均被他婉言谢绝。有一次，他病发严重，痛苦难忍，以致咬伤了舌头。妻子郭庆兰劝他停止工作，他说："如果再发作，你把毛巾塞在我的嘴里，只要我不把舌头咬破就没有关系，我不能因为这点病就不工作。"

聂荣臻司令员得知情况后，建议他暂时离开前线，到延安或回国治疗一个时期。但柯棣华不同意。他说："伤员越来越多，我的岗位在前线，只要还活着，就不能离开伤病员！"1942 年 12 月 8 日，早早起床的柯棣华检查完伤员情况，刚坐在桌前准备编写未完成的《外科总论》，忽然接到报告，从冀中送来了十几名重伤员。柯棣华放下笔，立刻赶到病房，为伤员连续施行手术，一直紧张忙碌到傍晚。当他推开房门回到家中，一头就栽倒在炕前。

医生给他注射了吗啡、樟脑液等，但都不管用，最后不得不实行脊椎穿刺，但还是无济于事。12 月 9 日凌晨，柯棣华的心脏停止了跳动，为了反法西斯战争的胜利，献出了他年仅 32 岁的年轻生命。

对于这位伟大的国际主义战士、入党刚 5 个月的中共党员的不幸逝世，根据地军民极为悲痛和惋惜。1942 年 12 月 30 日，延安各界召开了柯棣华同志追悼大会。毛泽东亲笔题写了挽词："印度友人柯棣华大夫远道来华，援助抗日，在延安、华北工作五年之久，医治伤员，积劳病逝，全军失一臂助、民族失一友人，柯棣华大夫的国际主义精神是我们永远不应该忘记的。"

朱德总司令亲自为柯棣华大夫的墓碑题词："生长在恒河之滨，斗争在晋察冀，国际主义医士之光，照耀着中印两大民族。"

毛泽东和周恩来还亲笔写信，慰问柯棣华的母亲及兄弟姊妹。毛泽东在信中写道："我亲眼看到，您的兄弟怀着自愿的人道主义和国际主义精神，克服重重困难，从死亡中拯救了我们不少的伤病员。……我认为我完全有权称您的兄弟为我最亲密的战友。……他那种克服艰难困苦的勇气，将永远留在我的脑海里。您的兄弟将永远活在中国革命人民的心中。"

第五章

一切为了人民

雷锋、欧阳海、张思德、王杰

1944 年 9 月 8 日，毛泽东在参加八路军战士张思德的追悼会上，即兴发表了一篇题为《为人民服务》的演讲。从此，“为人民服务”成为一代又一代共产党人的座右铭和根本宗旨。

20 世纪五六十年代，新中国进入全面建设社会主义的新时期，在国内外相对和平稳定却也错综复杂的环境下，中国人民在共产党的领导下，齐心协力，埋头苦干，力争改变中国一穷二白的国家面貌。这一时期，在祖国建设的各条战线上涌现出了大量的劳动模范和英雄人物，有吃苦耐劳、助人为乐、重伤不下火线的典范，如雷锋、时传祥、麦贤得等；也有见义勇为、舍己救人的英雄模范，如王杰、欧阳海、刘英俊等。他们大多生在旧社会，长在新中国，由于在旧社会饱受生活的艰辛磨难，故而对党和人民怀有深厚的感激之情，并把这份深情厚爱化作服务人民、回报祖国的不竭动力，埋头苦干，无私奉献。当祖国和人民的利益受到威胁时，他们也会如他们所崇拜的那些革命年代的战斗英雄一样，挺身而出，流血牺牲。

当年，雷锋、张思德、王杰等英雄人物的事迹和精神曾广为流传，激励和鼓舞了几代人前仆后继投身祖国建设大潮，为国家的繁荣富强作出巨大贡献。如今，在中华民族伟大复兴的新征程中，他们的精神更加珍贵无比，光芒万丈。

人民永远的“螺丝钉”——雷锋

如果你是一滴水，你是否滋润了一寸土地？如果你是一线阳光，你是否照亮了一分黑暗？如果你是一颗粮食，你是否哺育了有用的生命？如果你是一颗最小的螺丝钉，你是否永远坚守在你生活的岗位上？如果你要告诉我们什么思想，你是否在日夜宣扬那最美丽的理想？你既然活着，你又是否为未来人类的生活付出你的劳动，使世界一天天变得更美丽？我想问你，为未来带来了什么？在生活的仓库里，我们不应该只是个无穷尽的支付者。

……

今天吃过早饭，连首长给了我们一个任务，上山砍草搭菜窖。……劳动到了十二点，大家拿着自己从连里带来的盒饭，到达了集合地点，去吃中午饭。当时，我发现王延堂同志坐在一旁看着大家吃，我走到他面前，他没有带饭来，于是我拿了自己的饭给他吃。我虽饿一点，让他吃饱，这是我最大的快乐。我要牢牢记住这句名言：“对待同志要像春天般温暖，对待工作要像夏天一样火热，对待个人主义要像秋风扫落叶一样，对待敌人要像严冬一样残酷无情。”

以上两段平实质朴却情真意切的文字分别摘自于1958年6月7日和1960年10月21日的《雷锋日记》，这样平实的语言中蕴

雷　锋

涵着崇高的信仰、大爱的情怀、进取的意志、质朴的心态、率真的人格等丰富内容，不仅写进了雷锋的日记中，更是雷锋短暂人生的不懈追求和真实写照。

雷锋，雷锋

雷锋，1940年12月18日出生在湖南省望城县一个贫苦的农民家庭，原名雷正兴，因出生在庚辰年，家人取乳名“庚伢子”（长沙话）。他是一位平凡而伟大的共产主义战士，是全心全意为人民服务的楷模。

雷锋在旧社会只经历了八年多，可是这短短的经历却是一部中国旧社会底层人民的血泪史。他的父亲因为参加抗日活动，被日本鬼子严刑拷打后活埋了。年仅12岁的哥哥，为生活所迫出去做工，被机器轧断了胳膊，没钱医治，活活疼死在家里。接着，小弟弟饿死了。母亲又被地主强奸凌辱，失掉生活勇气而悬梁自尽。刚满6岁的雷锋，被迫到地主家里干活，天天挨打受骂，放猪砍柴。冬天没有棉衣，就挤在猪的肚皮下取暖。雷锋8岁那年的一天，地主家的狗抢他的饭吃，他打了狗一下，地主说他是“打狗欺主”，在他手上砍了三刀，把他赶了出来。可是雷锋没掉一滴眼泪，抓了一把土，把伤口糊住，就逃进深山，靠打柴、拾野果过日子。他被山里毒虫咬得浑身长满脓疮，头发都盖住了耳朵。

1949年夏天，人民解放军百万雄师下江南，解放了雷锋的故乡——湖南省望城县安庆乡。在欢乐的锣鼓声中，雷锋带着满身脓疮，从深山里走出来，来到乡政府。乡长彭德茂听了他的苦难经历，亲自送他到县人民医院去治病。几个月以后，他的病治好了。彭德茂又亲自带着给他做的新衣服接他出院。雷锋真正感到

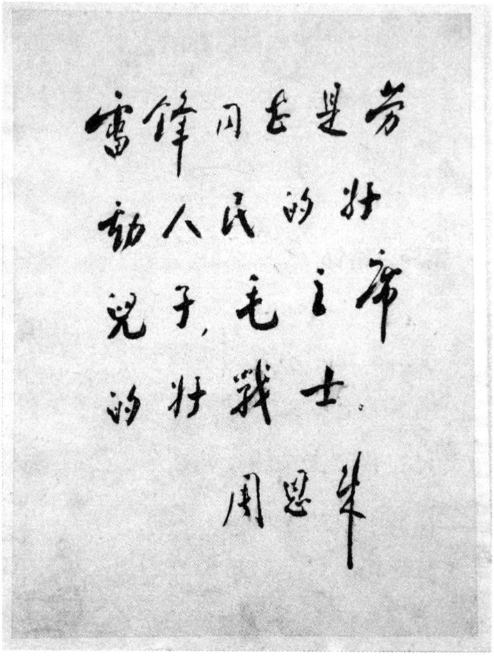

1963 年，周恩来为雷锋题词。

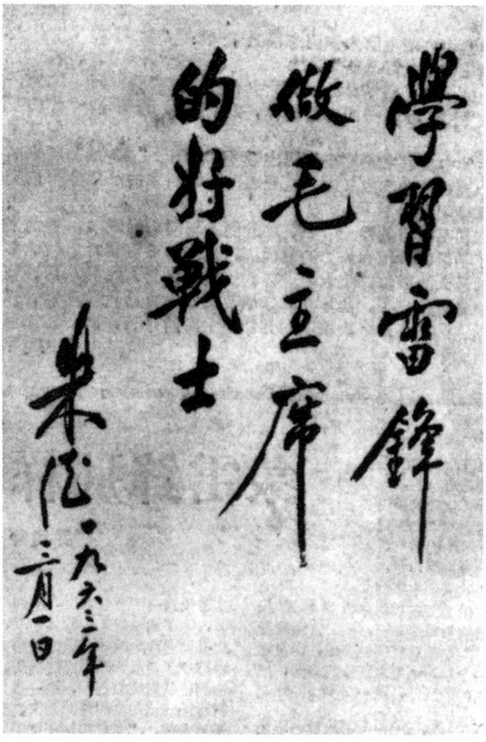

1963 年 3 月 1 日，朱德为雷锋题词。

了人间的温暖，冻结在幼小心灵里的冰块融化了，他一下扑到彭德茂的身上，大声喊着："救命恩人啊！"彭德茂抚摸着他的头说："小雷，我们的救命恩人是毛主席，是共产党，是解放军！"

1950年，雷锋当上了儿童团团长。在批斗恶霸地主的大会上，千仇万恨涌上这个10岁少年的心头，他跳上台去，伸出被砍伤的手，揪住那害死他妈妈的地主的脖子问罪。他亲眼看着人民政府依法枪决了那个万恶的地主，为他和无数受过欺压的穷苦弟兄报了仇。

新中国成立后党和政府的关心爱护，使成长在和平时期的雷锋，不仅自觉地接受了党和祖国的培育，而且以报恩之情对待党和人民的革命事业。

1956年，雷锋初中毕业。九年的功课，他用六年就学完了。他响应党的号召参加了农业生产。不久，组织上调他到中共望城县委当警卫员。雷锋从县委负责同志那里听到许多共产党员和革命先烈的英勇斗争事迹，学到不少克勤克俭、艰苦奋斗的革命传统作风。当县委号召根治沩水河时，雷锋第一个报名参加。在工地上，他当选为劳动模范。同时，光荣地加入了共青团。

1958年，雷锋到团山湖农场学习开拖拉机。仅仅半个月，他就能驾着"铁牛"跑起来，成为全县第一名优秀拖拉机手。他下定决心，要当建设社会主义的突击队员。

不久，国家需要他去鞍钢支援工业建设。他一到鞍钢的弓长岭矿山就开起推土机来。一天深夜下了班，他坐在调度室里看书，正看得起劲儿，外面突然下起雨来。调度员说："糟糕，工地上还放着7000多袋水泥呢！"雷锋一听，马上跑到段长室去叫醒段长；接着又跑回宿舍，一面喊醒大家，一面抱起自己的被褥赶到工地，他脱下身上的外衣，连同被子一股脑儿蒙在水泥上。二十多个小伙子在他的带动下，也赶来抢救。几千袋水泥终于完好地保存下来。

雷锋就是以这样勇敢无私的精神工作着，几乎月月都超额完成任务。一年多时间，他三次被评为先进生产者，十八次被评为标兵，五次被评为红旗手，出席了鞍山市青年社会主义建设积极分子代表大会。

1959 年 12 月 9 日，弓长岭《矿报》发表雷锋《我决心应召》的申请书，表达了他积极要求参军的坚定决心。1960 年 1 月 8 日，雷锋来到营口新兵连。入伍第一天下午，他作为新兵代表在全国欢迎新战友大会上发言。3 月，新兵连训练结束，雷锋被分配到运输连当驾驶员。下连不久，雷锋又被抽调参加团里战士业余演出队。4 月，从团里战士业余演出队回到运输连。一个月后，雷锋成为新兵中一名合格的汽车驾驶员，第一个下到战斗班。1961 年 8 月，雷锋被提为运输连四班班长。1962 年 1 月 27 日，雷锋被批准晋升为中士军衔。

1962 年 8 月 15 日中午，雷锋与战友乔安山在执行完送粮任务返回团部驻地后，准备前去擦洗车辆，雷锋下车为战友指挥倒车，由于车轮打滑，碰倒了一根晾衣服的木杆，这根木杆打到了雷锋右太阳穴上，雷锋当即昏迷过去，经送医院抢救无效，不幸英年早逝，年仅 22 岁。

“摆拍”的真实，真实的“摆拍”

雷锋牺牲之后的 40 多年，全国先后数次掀起学习雷锋的热潮。凡是参观过雷锋事迹展览或看过《雷锋》画册、画报的人，可能大都会有一个疑问：与很多其他英雄人物生前没有什么照片留世有所不同的是，雷锋生前怎么会留下这么多照片？雷锋同志做好

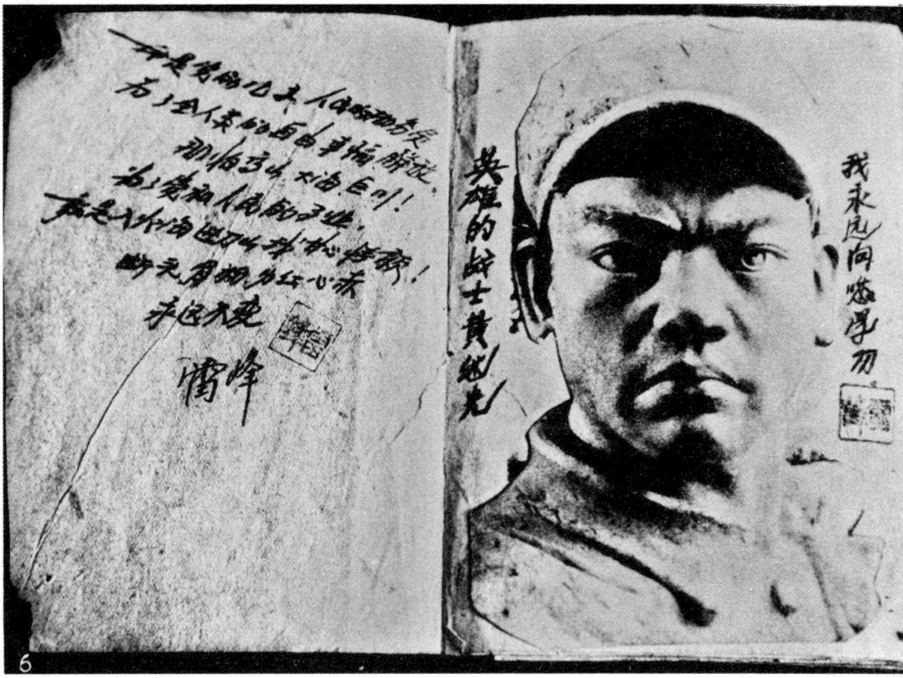

雷锋日记本上的诗和黄继光像

事不是不留名吗？怎么几乎每做一件好事都会拍照？这一点，也成为现在网络上很多人提出质疑甚至攻击英雄的主要原因。

20 世纪 80 年代末，美联社有几位记者专程前往抚顺雷锋纪念馆采访，他们指着雷锋给伤病员送月饼和护送大娘的照片问：雷锋做好事是自发的还是被迫的？为什么做好事还有照相的，这是不是“导演”出来的？

1998 年 4 月，中央电视台一期关于雷锋的专题节目中，有现场的学生提问，雷锋白天打手电筒学“毛选”的照片，拍得太假了吧？

那么，事实究竟如何？这些照片究竟是怎么拍出来的？雷锋生前照片的拍摄者们，曾不止一次在不同场合向不明事实真相的读者作出解答，予以说明，并对一些别有用心的人的诽谤之词坚决予以回击。

1960年11月底，沈阳军区准备对雷锋的先进事迹进行宣传，决定由政治部和工程兵十团共同筹办“雷锋同志模范事迹展览”，次年2月组成展览筹办班子，由张峻和季增负责展板照片的编选，并提出对雷锋的一些典型先进事迹进行“补拍”，以扩大展览的宣传和影响。对于“补拍”雷锋照片的工作，沈阳军区工程兵党委当时作出三条指示：一是必须是雷锋实实在在做过的好事；二是必须是能够补拍的事迹（无法补拍的可绘制幻灯片）；三是不准夸大事实，制造假新闻。由此，我们今天才有了很多关于雷锋本人及雷锋所做过的一些好人好事的珍贵照片。

雷锋照片的拍照者之一、沈阳军区原工程兵政治部宣传助理员张峻曾专门撰文对他为雷锋补拍的一些照片做了详细的记录和说明，比如：

1. 雷锋戴毡绒棉帽，手握冲锋枪站在毛泽东主席半身塑像前（为用在展览开头的第一幅照片补拍）。

2. 扶老携幼（根据雷锋《解放后我有了家，我的母亲就是党》的报告中第五节“照顾一位老太太”的情节补拍）。

3. 给战友王延堂送盒饭（根据雷锋1960年10月21日的日记补拍）。

……

7. 帮助乔安山学文化（根据雷锋《解放后我有了家，我的母亲就是党》报告中，“我们班乔安山同志，文化程度比别人低，学习信心不足，一学数学就头痛，上课不带笔记本，有时还缺课。

有一天，我让他做作业，他说钢笔丢了，我把自己的一支笔送给了他，还给他订了一个作业本。他很受感动，学习热情渐渐高起来，考试成绩也不错。我按期完成了教学任务……”补拍）。

8. 车场组织战友学习“毛选”（根据雷锋 1960 年写在日记本上的《入伍一年有感》：“我深切地认识到，要想成长进步，要为党做更多的工作，就必须认真读毛主席的书。我一定要抓紧点滴时间进行学习，做到书不离身，有空就掏出来看一看，坚决做到边学、边想、边改、边运用……”补拍）。

……

11. 打开手电筒夜间学“毛选”（根据雷锋《忆苦思甜》报告中，“懂得革命道理才能当好毛主席的好战士，我要积极学习毛主席的著作，挤时间学。有时晚上学习太晚，头痛，我就洗一洗脸，我想到自己的觉悟低，一定要好好学习，利用开饭前后，有时连到厕所还不放过学习。部队规定九点钟熄灯，我就买个手电，在被子里学……”补拍）。

……

雷锋事迹的另一位重要的拍摄者、沈阳军区原工程兵 7343 部队摄影员季增也对他为雷锋拍摄的那张著名的《雷锋送老大娘回家》照片背后的故事做过详细的说明。

那是 1961 年 2 月初的一天，雷锋去丹东农村某工程兵部队作忆苦报告，季增与之同行，回来时途经地下通道去沈阳换车回部队，遇到了一位从山东到抚顺看望儿子却不认识路、还拎着不少东西的老大娘。雷锋从小就没了母亲，向来对老人很有感情，于是走上前去，一问是同路，就主动提出送老大娘。季增也自告奋勇地跟着一起送，并想拍一张雷锋送老大娘与儿子见面的照片。

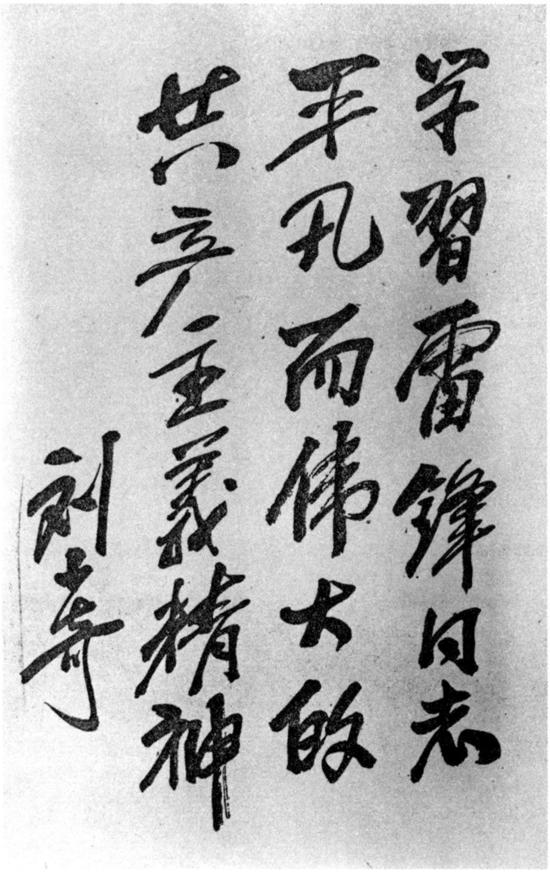

学习雷锋同志
平凡而伟大的
共产主义精神
刘少奇

刘少奇为雷锋题词

雷锋帮着老大娘拿东西，扶她上了火车，并为老人找到了座位。路途上，他像老大娘的孩子一样，站在大娘身边，亲热地说这问那。老人掏出写有儿子地址的信封给雷锋看，担心找不到地方。雷锋安慰大娘说：“您放心，到抚顺后我帮您去找。”

为了送老大娘，雷锋和季增到了部队驻地所在的火车站，却没有下车，而是直接到了抚顺南站。雷锋怕季增累，让季增在车站看着背包等着，自己去送大娘。季增想，这个难得的机会不能错过，便将背包寄存在火车站，同雷锋一起去送老大娘。老大娘初次来抚顺，抚顺市又那么大，不知儿子住在哪里。雷锋拿着信上的地址，四处询问，几经周折，也走了不少弯路，终于在郊区露天矿的一条小街上找到了老大娘儿子的家。当孙女跑出门来拉住奶奶的手时，季增拍了个镜头，但因天黑，又没有闪光灯，拍出的照片效果很不好。

后来，听说部队要举办雷锋事迹的展览，季增认为他所亲历的雷锋护送老大娘的事迹是个很好的典型，便约了雷锋有时间的时候再次来到老大娘家，补拍了那张照片。对于后来出现的一些对于这张照片以及照片背后事迹的真实性的质疑，季增在接受采访时说："屋子里面当时很黑，便想到在屋外拍，但是屋外有很多煤和干柴，拍出来很乱，于是我们就往前走，在另一家门口拍了四五张，现在只留下两张照片。现在有人说我的照片是假的，不是真事，还有人说这老太太不是真的那一位，他们爱怎么说就怎么说，反正我是见证人，我拍的照片，我记录的，我最清楚来龙去脉。"

当事人张峻、季增等人的讲述是最直接、最有力的证据。不难理解，很多英雄人物英雄行为发生的一瞬间，不可能有一个专门的摄影师在一旁及时拍摄记录下来，如黄继光只身堵枪眼、董存瑞舍身炸碉堡。而雷锋事迹的特殊之处就在于，他的英雄事迹和爱民情结是在他牺牲前就被人发现的，并为做宣传报道才根据真实事迹补拍了珍贵的照片。由于当时摄影技术及摄影条件的限制，很多照片拍摄的效果并不好，有些照片"摆拍"的痕迹比较明显，或拍摄的场景有矛盾之处，所以给人以虚假的感觉。但是，我们应该坚信一点，雷锋后来补拍的这些照片，只是为了配合部队上的宣传，我们并不能因此就否定雷锋事迹的真实性，更不能全盘否认他助人为乐、自我牺牲的真诚。我们今天真正应该颂扬

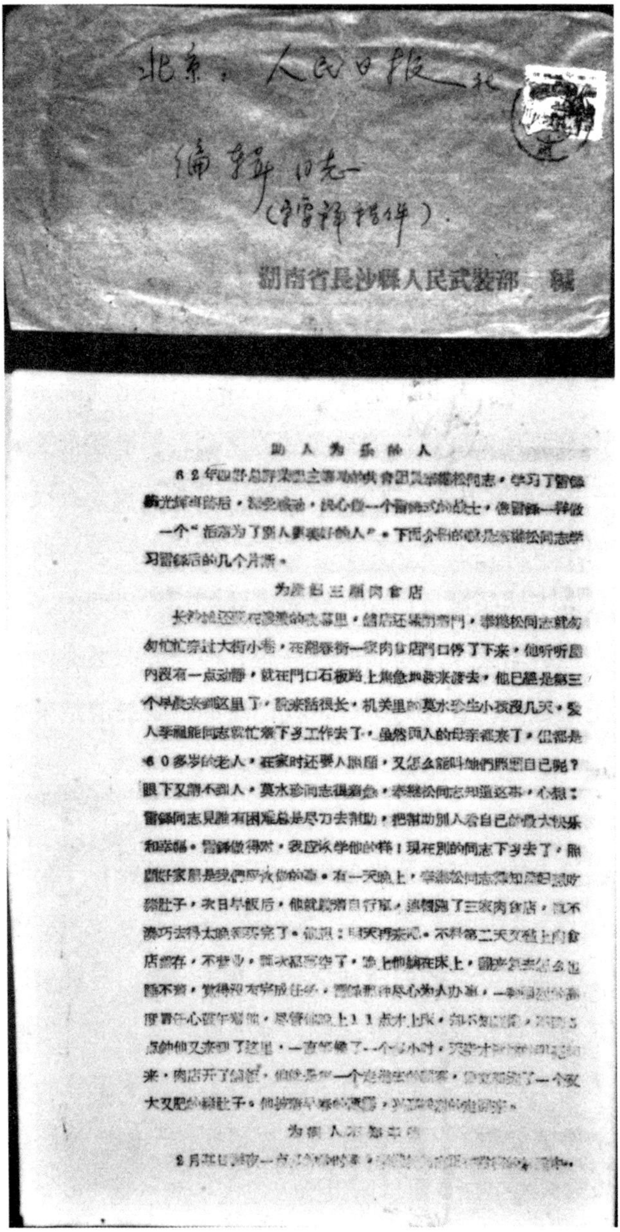

助人为乐的人

62年[illegible]共青团员李継松同志，学习了雷锋[illegible]光辉事迹后，[illegible]，决心做一个雷锋式的战士，像雷锋一样做一个"活着为了别人更美好的人"。下面介绍的就是李継松同志学习雷锋后的几个片断。

为[illegible]三顾肉食店

长沙[illegible]，[illegible]店还[illegible]，李継松同志就匆匆忙忙穿过大街小巷，在[illegible]街一家肉食店门口停了下来，他听店内没有一点动静，就在门口石板路上焦急地走来走去，他已经是第三个早晨来到这里了，说来话很长，机关里的莫水珍生小孩没几天，爱人李[illegible]同志就忙着下乡工作去了，虽然两人的母亲都来了，但都是60多岁的老人，在家时还要人照顾，又怎么能叫她们照顾自己呢？眼下又请不到人，莫水珍同志很着急，李継松同志知道这事，心想：雷锋同志见谁有困难总是尽力去帮助，把帮助别人看自己的最大快乐和幸福。雷锋做得对，我应该学他的样！现在别的同志下乡去了，照顾好家属是我们应该做的事。有一天晚上，李継松同志得知产妇想吃猪肚子，次日早饭后，他就踏着自行车，连续跑了三家肉食店，[illegible]去得太晚都卖完了。他想：明天再来吧。不料第二天又赶上肉食店[illegible]，不[illegible]，[illegible]了。晚上他躺在床上，[illegible]，觉得没有完成任务，[illegible]尽心为人办事，[illegible]。[illegible]11点才上床，[illegible]5点钟他又来到了这里，一直等候了一个多小时，[illegible]来，肉店开了[illegible]，[illegible]一个[illegible]，[illegible]一个又大又肥的猪肚子。[illegible]。

为[illegible]人[illegible]

2月[illegible]

1963年3月4日，湖南长沙人民武装部发布的学习雷锋《助人为乐的人》通讯稿。

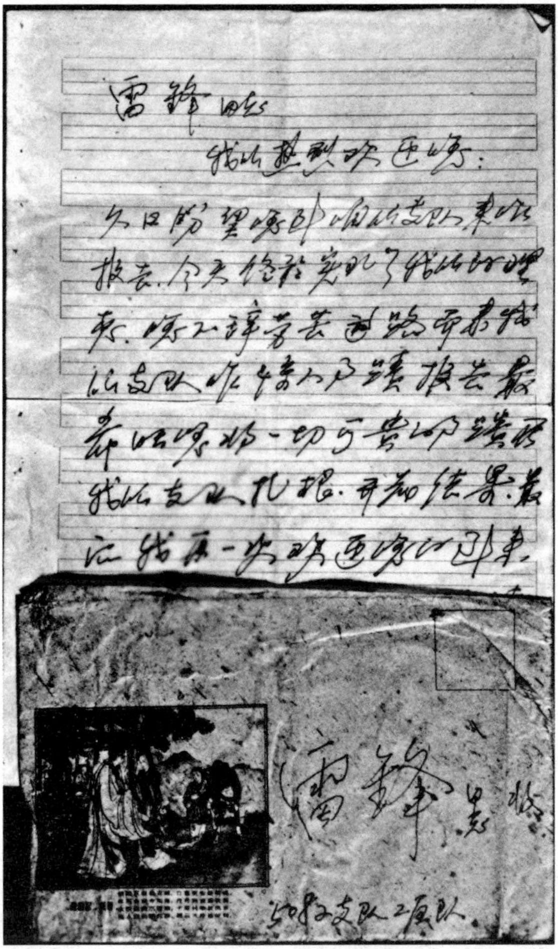

解放军5082支队二区队周文良，为雷锋不辞辛苦到支队作报告的感谢信。

和慨叹的是他对于人民满腔的热忱和自觉为人民服务的精神！

永远的英雄，永恒的精神

雷锋牺牲后，毛泽东主席知道了雷锋的事迹，亲自题写了“向雷锋同志学习”七个大字，号召全国人民向雷锋学习。从此，雷锋的名字为全国人民所熟知，“学习雷锋好榜样”的歌声开始响彻中华大地，每年的3月5日也被定为“学习雷锋纪念日”。如今，雷锋，已经超出了个人姓名的含义，不仅代表着一个社会、一个

雷锋在帮助战友缝被子

雷锋与战友切磋射击技术

时代，更代表着一种追求、一种精神。

全心全意为人民服务，是贯穿在雷锋一生中最突出、最动人、最完美的主旋律，也是雷锋精神的核心内容。雷锋用自己的实际行动模范地践行了自己的诺言，不图名利，发扬“螺丝钉”精神，勤勤恳恳做好事，既体现了一名伟大共产主义战士的博大胸怀和执着追求，也反映了他无私奉献的人生态度。在中国，雷锋精神感召了一代又一代人，对于正人心、树正气有着良好的影响，对于提高全民的道德水平、提升人民的素质起了极大的正面引领作用。

近几年来，常常听到这样的说法：“雷锋精神过时了，学雷锋是傻子。”雷锋精神历经 50 多年，不仅没有过时，而且在新的时代有着新的内涵。当前，随着市场经济的发展，社会上出现了许多不和谐的现象，比如理想信念淡薄，价值取向偏失，道德水平滑坡，社会风气浮躁，急功近利、见利忘义、诚信缺失等。在这种情况下，重拾雷锋记忆，传播雷锋事迹，呼唤雷锋精神，正当其时。

雷锋精神既是对我党优良传统的继承和发扬，也是对中华民族传统道德的弘扬和升华，更是社会主义核心价值观的本质体现，具有重要的时代价值。用雷锋精神去引导人们把爱与奉献、自强与上进、友爱与和谐形成一种习惯，把国家与民族的未来看成自己的前途与希望。只有这样，强大的民族凝聚力才会逐渐地形成，社会主义核心价值观才会真正地成为国家和人民的核心价值观，人民才会真正地爱国、爱家、关心他人、互相帮助，社会才能真正地和谐，国家才能真正地强大。

我们坚信，雷锋精神具有穿越时空的恒久生命力和感动社会的永恒魅力，没有过时也不会过时！随着时间的推移，雷锋精神会在长期的实践中愈益得到丰富和升华。

欧阳海

时代英雄，爱民模范——欧阳海

1963年，广州军区战士话剧团创作员金敬迈在经过深入调查采访一位英雄人物的事迹之后，仅用了28天的时间，便写出了一部30万字的带有传记色彩的长篇小说——《欧阳海之歌》。这部小说一经出版，在不到两年的时间内印数超过3000万册，有“洛阳纸贵，交口称誉”之盛况。在当时，《欧阳海之歌》与《雷锋日记》一样，被称为20世纪60年代中国版的《钢铁是怎样炼成的》。雷锋、欧阳海被称为“中国的保尔·柯察金”，他们的事迹影响了一代人。《欧阳海之歌》受到当时文学界的高度评价，被誉为“毛泽东思想在文艺战线上的巨大胜利”。文艺界评论家将它定位为“样板”，纷纷给予高度赞扬。郭沫若称其为“毛泽东时代的英雄史诗”，刘白羽命其为“共产主义的战歌”。这部小说之所以能有如此大的成就与影响，除了作者高超的写作技巧外，书中的主人公——欧阳海的苦难经历与英雄事迹，更成为感人至深的主要因素。

多难的童年

1940年11月22日，欧阳海出生在湖南省桂阳县两路乡老鸦窝村一个贫农家里。父亲叫欧阳恒文，为人老实。他家是村里有名的贫困户。欧阳海排行老二，上面有一个大他18岁的哥哥，是当时家里唯一的壮劳力。他的父亲因害怕国民党军队的“二丁抽一”，把大儿子抓去当兵，便给欧阳海取了个女孩名字——欧阳玉蓉，并一直把他打扮成女孩模样，希望能够瞒过左邻右舍和保甲长。但是，没过多久，欧阳海男孩的身份还是暴露了，他的哥哥被抓去当了壮丁，家里的生活更加清苦了。

欧阳海 7 岁那年，父亲得了重病，母亲不得不带着他和 4 岁的弟弟沿街乞讨，勉强度日，这样的日子让他们受尽了欺辱。有一次，欧阳海和弟弟到一个地主家要饭时，可恶的地主非但没有施舍他们，反而放出恶狗追咬他们，可怜小兄弟俩没有还手之力，被恶狗咬得满身是伤。从那以后，欧阳海恨透了这个万恶的旧社会和那些没有人情味的地主老财们，他再也没有去乞讨要饭，而是用他那幼小的身板跟着父亲一起砍柴烧炭，卖炭换米面，分担家庭的重担。那时的他才只有 8 岁，即使寒冬腊月，数九寒天，冷风刺骨，他也只穿着薄衫，光着脚板，担着木炭沿街叫卖，尝尽了旧社会的辛酸苦辣。

1949 年冬，桂阳县老鸦窝村的百姓在共产党的带领下斗地主，分田地，当家做了主人。村里的孩子们也成立了儿童团，经历过深重苦难的欧阳海自告奋勇当上了儿童团团长，带领村里的孩子跑步出操，站岗放哨，监视坏人，参加批斗恶霸地主的大会，维持会场秩序。

当时的湖南山区，匪患十分严重，时常进村抢夺，百姓整日提心吊胆。为了让老百姓过上安心日子，解放军决定进山剿匪。山区地形复杂，土匪们熟悉，可以四处流窜；但解放军如果没有熟悉山里地形的人当向导，很难打胜仗。年仅 9 岁的欧阳海主动承担了这一重任。在他的指引下，解放军进山后一次就消灭数十名土匪，之后连续几日进剿，匪患很快被消除，老百姓过上了太平的日子。于是，老鸦窝村的百姓们把村子改名为“凤凰村”。

欧阳海从小吃苦受难，受尽欺辱，他非常痛恨旧社会的不公现象，也倍加珍惜现在的幸福生活。他把对党和政府的感激之情，化作努力工作、无私奉献的动力。他 15 岁那年，积极参与村里的各项工作，先后担任村里的广播员和农会的义务通讯员。砍柴、送信、打水、扫地，样样工作都冲锋在前。1956 年，村里成立初级农业社，他被推选为记工员；1958 年，成立高级社时，大家又推选他当了会计。在大家眼里，欧阳海是一个吃苦耐劳、不计得失的好孩子。

军中“小老虎”

早在解放湖南之初，解放军进入家乡带领乡亲们打土豪分田地、进山剿匪的时候，欧阳海就开始崇拜英雄的战士们，立志要参军。1953 年，解放军来村里征兵，年仅 13 岁的欧阳海第一个跑去报名，可是因为年纪太小，没有被批准。事后他对好友说：“今年不行等明年，明年不行等后年，我非要当上解放军不可！”

这一天终于被欧阳海盼到了。1958 年冬，征兵工作再次开始，此时的欧阳海已满 18 岁，到了适合参军的年龄，于是他匆匆忙忙跑到村征兵处报名。可是，他一连跑了几个报名点，都扑了空，都说征兵名额已满，花名册已经上报，无法报名。欧阳海急了，第二天一大早就在新兵集合地等着，一见到征兵处的领导就苦苦央求，述说自己的参军意愿。负责征兵的领导和接兵的同志被他的热情所感动，额外批准他入伍。这样，欧阳海多年的愿望终于实现了。

的确，在从小受尽苦难的欧阳海的心里，党和政府就是穷人的救星，解放军就是英雄，为了新中国，为了新生活，他的心里早

《欧阳海舍身救列车》，国画，杨胜荣 1964 年创作。

已下定了保卫祖国、随时为祖国和人民献身的决心。入伍后，他把全部的热情倾注在练好杀敌本领上。起初，他投弹只能投 12 米。但他不灰心，每天起早贪黑，坚持苦练，连寒冷的冬夜也不放松。功夫不负有心人。一天早上，欧阳海练习投弹，连长检查成绩，竟达到了 35.6 米。连长一面鼓励他继续努力，一面给他传授投弹要领。为了能在晚上练习投弹，命中目标，欧阳海把香绑在教练弹上练习投弹。经过苦练，他投弹的成绩上升到了 47 米，每投必中，弹无虚发，被评为全连的训练标兵。入伍三个月后，欧阳海就光荣地加入了中国共产主义青年团。

欧阳海在入伍后不久，就被大家称为“小老虎”，因为他浑身好像有使不完的劲。连队搞训练，他起早贪黑练硬功；连队执行施工任务，他第一个冲上去，什么困难、危险在他眼里都不是问题。平时他身体不舒服时从不让大家知道，即使生病严重时，只要卫生员稍不留神，他就会跑出医院，上了工地。说起欧阳海的干劲，连队干部说：“我们都不敢表扬他了，真怕累坏了他呀！”有一天，排长让三个战士下午把几十根木料搬到公路上去，当时大伙正在吃饭，欧阳海也听到了这一任务，于是快速吃完碗里的饭，利用午休时间不声不响就把木头搬完了。午休之后，那三个战士去执行任务，却怎么也找不到那堆木头了。在工场伐木时，他“虎”劲十足，上百斤的木头扛着就跑，边干边喊：“消灭叛匪，加油！支援西藏，干哪！”崭新的解放鞋磨破了，他光着脚也不歇步。连长关英奎心疼地说：“这小兵太虎了，干起活来真不要命。”

练兵、生产之余，欧阳海认真刻苦地学习毛泽东著作，用毛泽东思想武装头脑，还经常听连指导员讲战斗英雄的感人故事，立志成为黄继光、董存瑞、邱少云式的战斗英雄。有一次，他冒着生命危险，攀上悬崖峭壁，堵住了水渠的缺口，避免了塌方，保住

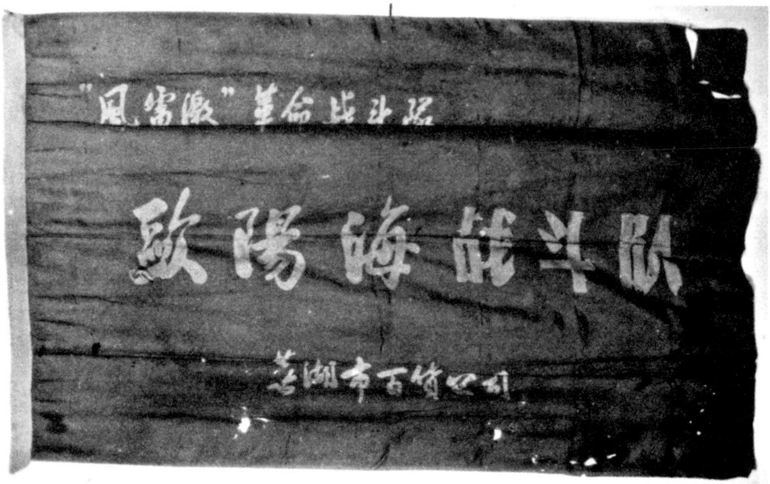

1966—1969 年，安徽省芜湖市百货公司使用的“欧阳海战斗队”队旗。

了坡下的十余户民房。由于学习认真，思想进步，他受到了组织的肯定，被送到集训队学习，光荣地加入了中国共产党。入党那天，他在日记中写道：“如果需要为共产主义理想而牺牲，我们每个人，都应该也可以做到——脸不改色心不跳。”

为民大英雄

在欧阳海的笔记本上还记着这样几个大字：“须登高望远，不断革命！”“干革命”思想始终贯穿在欧阳海的工作、生活中。一次，连队接到修筑公路的任务，安排欧阳海带着几个同志去铺设一条排水涵洞。任务虽然不是很艰难，却十分重要，对质量要求很高。时间很紧，为了能保质保量地完成任务，欧阳海和同志们一起翻山越岭找来适合的石板，细心地铸造水泥涵管，提前完成了任务。在完工的那天，他在洞口塑了两颗五角星，一笔一画地刻上了三个字："干革命！"对于欧阳海这样一个从水深火热的旧社会过来的苦孩子来说，是革命使无数的贫穷百姓有了房子，有了地，有了粮食，有了衣服。因此，在他心里，"干革命"就是一名战士的崇高理想，新中国是"干革命"的结果，也只有继续"干革命"才能让老百姓过上更好的日子！

于是，每次回家探亲时，欧阳海都会把更多的时间用在参加集体劳动上。1962 年，他回家探亲 12 天，其中参加了 9 天的集体生产劳动。第二年休假 15 天，他又劳动了整整 11 天。休假结束后，社里要给他的劳动记工分，他坚决拒绝说："我穿革命的，吃国家的，为人民做点事是完全应该的！"

在回家探亲期间，欧阳海曾两次抢救溺水儿童、一次救火，勇敢地保护了人民的生命和财产安全。1962 年他第一次回家探亲期间，救起了失足掉入水塘中的欧阳国威。1963 年回家探亲期间，他在冰冷的水中救起了失足掉入水井里的小姑娘廖社英。当乡亲们敲锣打鼓前来感谢他时，他只是说了句"这是应该的"，然后转身离开。还是那年探亲期间，村里的邻居欧阳增玉家不幸失火，当时的乡亲们都在地里劳动，欧阳海第一个赶到现场，从火海中救出了欧阳增玉的老母亲，而他自己被烧伤了双手。回到连队后，当有人问起他受伤的手的情况时，他只说是自己不小心烫伤的。

1963 年 3 月，举国上下掀起了学习雷锋的热潮。欧阳海在学习了雷锋的先进事迹后，在日记中写道："伟大出于平凡，只有珍惜平凡的人，才有无比的贡献，才有成为伟大的可能。"有一次，欧阳海在外出途中碰到一位担柴的老人正在吃力地前行，他急忙跑上前去，问清了老人的住址，挑起担子一口气将老人送了十几里路。当老人感激地询问他的名字的时候，欧阳海笑笑说："老大爷，我是雷锋的战友。"

1963年11月，部队开始野营训练。欧阳海作为党小组组长和七班的负责人，带领全班战士担任全连的尖兵班，无论奔袭、抢渡，还是攻占山头，总是冲在最前面。11月17日，一天的行军之后，部队在衡山车站附近宿营。连续的奔波和高强度的训练让战士们疲惫不堪，纷纷休息，而欧阳海却没有休息，主动烧水给大家烫脚。这时七班接到了第二天担任全营收容的任务，也就是走在全营后面，负责维持军队纪律，扶助病弱的同志。三排长在布置任务时对欧阳海说：“你们班的任务很重，特别是明天要经过一段铁路，一定要注意人马车辆的安全，不要让国家和人民的财产受到损失。”欧阳海斩钉截铁地回答：“只要有七班在，有我欧阳海在，决不让党和国家的财产受到损失，再困难的任务也坚决完成！”

11月18日，部队按照既定路线冒雨行进在铁路旁的峡谷间。当部队到达衡山火车站南端的铁道边，正准备由西向东穿过铁道继续前进时，远方突然传来了282次列车“嘟嘟”的汽笛声。欧阳海连忙招呼全班：“火车来了，注意安全！”前面部队按照行军纪律，都闪到离铁路约4米远的地方鱼贯前进。而此时，火车已绕过大山探出了头，就在火车头从拐弯处出现的一瞬间，走在炮兵连后面的两匹战马突然受了惊，其中一匹马被指导员和两个战士瞬时扣住马缰，拉到了山边。而另一匹大黑骡，却狂跳不止，拉着驭手直奔铁道而去。

282次列车离黑骡只有约40米的距离，黑骡驮着炮架在铁道上瑟瑟发抖。虽然火车司机此时已经在紧急刹车，但由于惯性巨大，列车仍在风驰电掣地前进，40米、30米、20米……眼看一场不可避免的惨剧就要发生了，突然，欧阳海猛冲上轨道，用尽全身力气将大黑骡推向轨道外。

列车呼啸而过，火车和车上的乘客都安然无恙，而欧阳海却

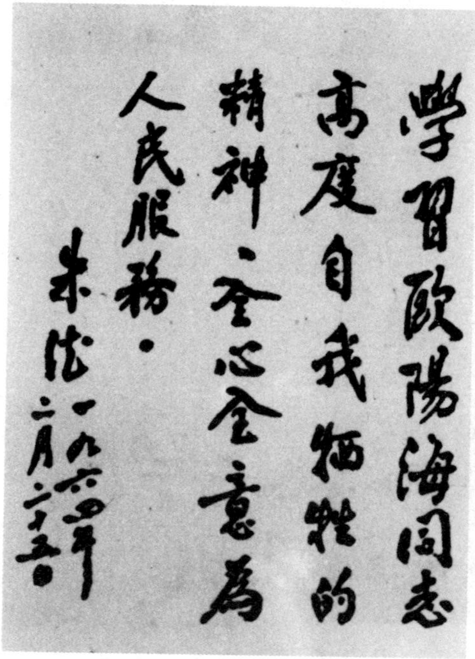

1964 年 2 月 25 日，
朱德为欧阳海题词。

被卷入车底，左腿被压断，身受重伤，倒在血泊中。

欧阳海舍身救火车的消息迅速传遍衡山县城，为了抢救这位伟大的战士，部队首长、战士、普通老百姓、铁路职工及火车旅客等挤满了衡山医院，请求医生要尽全力挽救这位英雄的生命。然而，医院虽奋力抢救，但仍没能留住英雄的生命。这一年，欧阳海只有 23 岁。

当副班长曾阶锋清理欧阳海的遗物时，在他的口袋里发现了一本《毛泽东著作选读》和一本被血渗透的笔记本。上面写着这样一句话："……即使有一天，这个世界没有了我，我也仍然衷心地相信：共产主义的理想必然胜利！一定会有更多更多觉醒了的人为它战斗！"

位于湖南省耒阳市灶市石花坳的欧阳海烈士墓墓碑

险遭诬蔑

事情往往出乎人们的意料之外，欧阳海救火车这一英雄壮举，起初竟是被当作一起重大的交通事故处理的。欧阳海所在部队的很多战友对这一处理结果很是不满，纷纷向上级机关写信，要求重新调查事情真相。他们认为，若不是欧阳海舍生忘死推开驮炮的战马，那么势必造成火车脱轨，其后果不堪设想。总政对这些反映很重视，及时向军委作了汇报，随即由总政和铁道部门派出联合调查组，实地核实事情真相。在调查的过程中，部队大部分基层干部和战士们公认欧阳海舍身推战马救火车是英雄行为，但有一位政工干部却说欧阳海这种行为是出风头，他甚至颠倒黑白地说，欧阳海当时是因为在呆看客车上的女人而被火车冲倒……

这位干部的话令人惊愕。经过调查，原来是因为欧阳海生前与这位政工干部关系紧张所致。据欧阳海的战友们回忆：欧阳海在部队里勤奋好学，觉悟很高，原则性强。有几次他对这位政工干部讲课错误之处当场提出纠正。后来欧阳海又两次在党支部的会议上，有理有据地公开批评这位政工干部的缺点，从此这位干部对欧阳海耿耿于怀，把欧阳海当作骄傲自大、调皮捣蛋的落后分子看待。

于是，谣言不攻自破，真相最终大白。经过近一个月的实地调查之后，调查组向上级领导详细汇报了欧阳海的英雄事迹，并得到了各级领导的充分肯定。从此，欧阳海从一个事故的“肇事者”，最终成为舍身救列车的大英雄。

欧阳海舍身救列车的英雄事迹迅速传遍三湘四水、大江南北。党和国家领导人朱德、董必武、叶剑英、贺龙、徐向前、聂荣臻、陶铸等纷纷题词，号召全国军民向欧阳海学习；中共中央中南局书记陶铸、中共湖南省委书记张平化分别著文和发表讲话，高度赞扬欧阳海舍身救列车的崇高精神；中共桂阳县委也作出了向欧阳海学习的决定，并开展了一系列的纪念活动。

1963 年 12 月 25 日，中国人民解放军总政治部致函桂阳县人民委员会：中央军委批准欧阳海为革命烈士，并授予“爱民模范”光荣称号。

1964 年，中国共产党广州军区委员会追授欧阳海“五好战士标兵”和“爱民模范”荣誉称号，并追记一等功；他生前所在班被命名为“欧阳海班”。湖南省人民政府批准，将两路乡改名为“欧阳海乡”；将地处湘江支流舂陵水和耒水下游地区的大型水利工程命名为“欧阳海灌区”。

1993 年，桂阳县委、县政府筹集上百万元专款，在东塔公园建立一座欧阳海铜像，以表达家乡人民对欧阳海烈士的永远怀念。

1943年，张思德（左）和战友烧炭。

“为人民服务”——张思德

1944年9月8日，是一个普通而又很不平常的日子。这天清晨，延安枣园后沟的西山脚下笼罩在一片肃穆悲痛的气氛中。中共中央直属机关和八路军1000余名官兵在这里为一名普通的战士——张思德举行追悼大会。他们在土台上临时搭起一个灵堂，灵堂上的黑幕前安置着烈士灵位，灵位前摆放着毛泽东和中共中央办公厅、中央社会部、西北公学、中央警卫团团部以及各营、连送的花圈。灵堂两边挂着挽联，中悬毛泽东亲笔题写的挽词“向为人民利益而牺牲的张思德同志致敬”。毛泽东头戴八角帽，身穿粗布衣，出席了追悼会，并即兴演讲，发表了传世名篇《为人民服务》。从此，“为人民服务”成为一代又一代共产党人的座右铭，激励着一代又一代共产党人为人民事业鞠躬尽瘁、死而后已。

而“为人民服务”的典范——张思德的名字也同这一光辉的口号一起，响彻中华大地。

谷娃子，苦娃子

1915年4月19日，张思德出生于四川省仪陇县六合场的一个贫苦农民家里。因出生这一天正好是谷雨节，父亲张行品就给他起了名字叫“谷娃子”，希望孩子能在“谷雨”的滋润下幸福成长。但出生在旧社会底层家庭的孩子，再吉庆的名字也难摆脱苦难的命运。张思德出生后不满七个月，母亲就患凉寒病，因无钱医治而离开人世。随后父亲外出谋生，流落他乡，张思德被过继给叔父张行忠、叔母刘光友膝下为子。叔父张行忠是个老实本分的庄稼人，靠租种地主田地和农闲打短工、搞搬运为生，一年到头勤劳苦作，仍难以维持温饱，家里同样贫穷。叔母刘光友为人豁达忠厚，处家温顺贤淑，自己的女儿刚四个月大，就把张思德过继过来一起哺育，她自己的奶汁要喂养两个孩子实非易事，经常是两个孩子都吃不饱,饿得哇哇直哭。看着日渐消瘦的张思德,刘光友非常心疼,就对张行忠说，实在不行就抱着娃儿到穷乡亲家找点奶吃吧。于是就用一块烂布裹着张思德出门“讨奶”。

那时节，穷人家的妇女几乎个个吃糠咽菜，生了孩子后，往往自己也没有多少奶水。可是穷苦人心向穷苦人，每次刘光友抱着张思德过来，她们就把自己的孩子放在一边，争着接过张思德，给他喂上几口奶。 这普通奶汁里面，饱含穷苦人的深情厚爱!

在刘光友和乡亲们的细心照料下,“谷娃子”张思德终于在“千家奶”的喂养下活了下来。

参加红军踏征程

中国工农红军的到来,彻底改变了张思德的命运。1933年9月,中国工农红军第四方面军进入川北，发动了营渠战役，解放了仪陇县。在六合场乡苏维埃成立大会上，18岁的张思德第一个跑上台，控诉反动地主对人民的迫害，并积极要求参加少先队。之后他被选为少先队队长，负责协助红军和民兵站岗放哨，寻查坏人。

1933年12月，张思德报名参军，被编入长胜县独立团，不久加入共青团。由于童年的苦难经历和对穷苦大众的深厚感激之情，张思德在部队里思想觉悟很高，纪律性强，训练吃苦，作战勇敢，为了革命甘愿牺牲自己。当时，四川军阀刘湘和杨森纠集军队，向红四方面军发动“六路围攻”，张思德很快参加了战斗。在金水场大战中，张思德在浓雾中潜伏，根据敌人报数的声音，摸清敌人的数量，使部队一举歼灭敌人。关口梁大战，张思德和尖刀班战士一起，身背大刀，冒着敌人机枪的猛烈射击，搭人梯爬上墙顶，炸开寨门，为大部队打通了道路。在一次防卫战中，他带领五名同志，扼守一个山头，打退敌人多次进攻，消灭了近两个排的敌人，出色地完成了任务。有一次，为了取得一份重要情报，在敌人严密把守的情况下，张思德冒着初冬的严寒，在臭水沟中整整泡了一夜，最终成功取回了情报。还有一次，他在外出执行任务时，路上遇见几名敌军正在疯狂追赶我军一个十四五岁的小战士。他猛冲上前将敌击毙，救出了这个小战士。他的英勇事迹，很快在军中传扬开来。

1935年5月，红四方面军撤出川陕根据地开始长征，张思德从此离开家乡，随军北上。在长征途中，爬雪山，过草地，无论遇到什么艰难险阻，张思德都挺身而出，冲锋在前。在茂州战役中，张思德右腿中弹，他咬紧牙关，坚持着冲入敌阵，相继打死敌人的两个机枪射手，缴获两挺机枪，并因此而立了大功。7月上旬，红二、四方面军开始北上进入草地。当时，张思德在红四方面军通讯营任通讯班班长。每当有上级的送信任务时，他总是立刻行动，在泥泞的草地里艰难跋涉，从不叫苦。

在草地里行军多日，红军指战员们带的干粮吃完了，不得不以野菜充饥，中毒事件时有发生。为帮助大家战胜饥饿，防止其

张思德塑像

他战士中毒，张思德冒着生命危险争着“尝百草”，并多次中毒，面部浮肿，满嘴起泡，好几次被紧急抢救生命才脱离危险。在走出草地，横渡葛曲河（注：也叫嘎曲河）时，河宽水寒，张思德不顾自身的安危，和几个水性好的战士挽着臂膀，站在水的深处，保护着不会浮水的战士过河。有几个女战士被湍急的河水冲倒，在水中挣扎，张思德和战友们立即向下游奔去，把危险中的女战士们抢救起来，护送上岸，保证战士们安全过河。历经千辛万苦，红军终于在1936年10月胜利到达陕北。

1937年初春，组织上考虑到张思德在长征中多次受伤，疲劳过度，身体极度虚弱，决定送他去关中分区的云阳安吴堡的“荣誉军人学校”去治疗、休养。由于“荣校”刚刚成立，条件十分艰苦，伤病员非常多，而护理人员却很少。张思德到“荣校”报到后，不顾自己多病的身体，主动要求帮助照顾伤病号。他成了义务护理员，扫院子，刷便盆，背着伤病员上厕所，把重伤员换下的衣服悄悄拿到河边去洗净并晒干。1937年10月，在“荣誉军人学校”里，张思德光荣地加入了中国共产党。

请缨烧炭，英勇牺牲

1938年春，张思德被调任八路军云阳留守处警卫连三班副班长。1940年春，警卫连调到延安，张思德被分配到中央军委警卫营通讯班当班长。在数年的通讯工作中，张思德兢兢业业，吃苦耐劳，认真负责，准确无误地完成任务。他率领通讯班的战士们，每天凭着两条腿，把一封封重要信件送到各地，按时准确地完成了党交给的任务。

1939年2月，为了粉碎国民党反动派对陕甘宁边区的经济封锁，毛泽东亲笔题词“自己动手，丰衣足食”，号召边区广大指战员开展轰轰烈烈的大生产运动。1940 年 7 月，张思德奉军委警卫营的命令，带领一个班到延安土黄沟执行烧炭任务，以解决中央机关和警卫部队的冬季取暖问题。这个班由临时抽来的 11 名同志组成，除张思德外，谁也没有烧过炭，大家都有畏难情绪。可当首长问他有没有困难时，他说：“困难是有，不过我们能克服。”就这样，他们在荒无人烟的深山老林里奋战了三个月，胜利完成烧炭任务，把八万斤炭运到了延安。1941 年，张思德又与通讯班一起投入了大生产运动，开垦南泥湾、纺线织布，用自己的劳动所得，解决了生存、生活问题，渡过了难关。

1942 年，中央军委警卫营和中央教导大队合并，成立了中央警卫团。张思德被调整到一连四班当了战士。由班长成了战士，警卫团总支书记找他谈话，问张思德：“到班里当战士怎么样？”他回答说：“当班长是革命的需要，当战士也是革命的需要。请首长放心，保证好好当一名战士！”由于他对革命忠诚，工作积极主动，赢得了上级的信赖，1943 年初夏，张思德被调到枣园内卫班，在毛泽东身边当警卫战士。能为毛主席站岗放哨，保卫毛主席，张思德心里十分兴奋而自豪，他深感责任重大，以加倍的勤奋、细致、周到做好本职工作。毛泽东对这个沉默寡言、吃苦耐劳、不计个人名利的大个子战士印象深刻。

1944 年，抗日战争进入了关键时期。为了打破国民党的封锁，彻底打败日本侵略者，延安边区军民的大生产运动搞得更加热火朝天。这年夏天，上级决定派内卫班的部分同志到延安北边的安塞去烧木炭，以解决枣园机关的冬季取暖问题。听到这个消息，大家都争着要去。因为张思德以前曾烧过炭，积累了很多经验，遂被作为首要人选。张思德二话没说，带领四名同志背着行李，带着锯子、斧头等工具来到了石峡峪村。一进入山中林区，张思德等人便扛着镢头跑上跑下，根据山势和青冈林的大小，选择烧炭窑的地点。

青冈树木质坚硬，是烧炭的上等原料。要想把一棵青冈树烧成合格的木炭，需要经过砍伐、运输、打窑、烧窑、出炭、捆扎、背运等多道工序，每道工序都要付出艰辛的劳动。就说伐木吧，看起来很简单，实际上并不容易，又粗又高的青冈树，木质硬得像石头，砍一斧头都要迸出一串火星。战士们要砍倒一棵树，胳膊震得生疼，手都磨出了血泡。

在砍伐、运输青冈树的同时，烧十万斤木炭至少要掏七个烧炭窑。张思德主动挑起这个重担，带领两名战士每天掏窑不止。他们掏窑的位置，需要翻过一道梁，过庙河沟，在洞子沟的尽头。因路途较远，于是他们就临时居住在距炭窑 20 多米远的一孔窑洞里。

开窑出炭是非常辛苦的，里边活像一座焚化炉。木材在窑中要立起来码放，还要会看火候。那时没有任何防护用品，连手套都没有。人要爬进去，将木炭一根一根地传出来，由外边的同志接应晾上。进去一次，人就闷热得好像要脱一层皮。这种最脏最苦的活儿，张思德总是抢着干。

为了多烧炭，烧出优质炭，爱动脑筋的张思德决定动手开挖新窑洞，然而一个意料不到的情况发生了。

1944 年 9 月 5 日，一场大雨刚过，张思德便率领挖窑突击队开进山林，兵分三路，分开作业，赶挖新窑。张思德和战士小白为一组，干到临近中午，一眼新窑挖成了。正当张思德在窑洞内用小镢头一点点修整窑壁时，突然，窑顶上掉下一块土，张思德急忙把身边的小白推向窑口。就在小白快要爬出窑口的时候，滑坡

这是张思德同志牺牲前所在炭窑烧出的炭

造成窑顶坍塌，2米多厚的窑顶塌了下来。塌方压住了尚在窑口的小白的半截身体，小白被砸成重伤，而张思德被深深地埋在了窑内。在生与死的关键时刻，张思德把生的希望留给了战友。

一起挖窑的战友们从四面八方跑了过来，用双手刨土救人。战友们把小白救出来后，不知道张思德被埋在什么位置，也不敢用镢头，怕伤了他，只好用双手刨土。战友们全来了，争分夺秒地抢救着。经过大约半个小时的刨土，许多战友的手都刨破了，终于扒见了张思德。张思德的姿势像是盘腿坐着，一把镢头柄死死地顶着他的胸口，从窑顶塌下来的厚厚硬土把他埋得严严实实。大家把他扒出来时，只见他双眼紧闭，脸色乌紫，嘴角渗出了血，大概是骤然解除了外部的压力，他的嘴里鼻里一下子喷出血来。张思德已经停止呼吸，完全没有生命体征了。顿时，大家扑上前去一齐大哭起来。

张思德同志营救了战友的生命，自己却以身殉职，年仅 29 岁。

死得其所，重于泰山

虽然张思德只是一名普通的战士，虽然他是因烧炭炭窑崩塌而牺牲，但他却得到极高的荣誉！张思德牺牲后，被葬于陕西省延安市的“四·八”烈士陵园内，1000 余名八路军将士为他举行了隆重的追悼会，深切地悼念他。毛泽东参加了追悼会，并号召全军将士及全国人民学习他高尚的为民情操。1995 年，仪陇县文物管理所设置“张思德生平事迹陈列室”，专门陈列展示张思德生平事迹的文物照片史料，以供后人学习他的精神、事迹。

然而，对于这样一位一心为民、一切为民的伟大英雄，近年却在网络上出现一种污蔑之词，说“张思德是为烧制鸦片而死”！这些传言主要来源于一位共产国际驻中共区联络员和苏军情报部情报员彼得·巴菲洛维奇·弗拉基米洛夫写的一本《延安日记》。

在该书中，弗拉基米洛夫说他不但亲眼见到了八路军三五九旅在南泥湾收获鸦片，而且他们种、贩鸦片还得到毛泽东、周恩来、邓小平等中共高级领导人的亲口承认。由于弗拉基米洛夫的特殊身份，这本《延安日记》出版后立刻引发境外学术界的关注。此后，网络上也不断出现一些所谓的“老干部”“老红军”“我爷爷”“我太爷爷”“我二大爷”之类的人，说“亲眼看到”共产党、八路军在各地大规模种植贩卖鸦片的所谓“证言”。但这些“证言”几乎都没有确切的时间、地点、人物等信息，也几乎没有可以予以佐证的其他客观证据。但是，还是有人根据这些失实的、片面的说法，主观臆测说“张思德死于烧制鸦片过程中窑洞坍塌”。

不难理解，之所以会有这些污蔑、诽谤之词，无非是某些别有用心的人想要抹黑英雄，进而诋毁共产党、八路军的革命形象。对于这些污蔑之词，目前也有众多有识之士和一些学者、专家、当事人纷纷撰文予以回击。尤其是对于英雄张思德的恶意诽谤，毫无根据，根本站不住脚。张思德生前的同班战友罗忠及杜泽洲等老红军都曾专门撰文，追忆张思德的生平事迹和牺牲经过（详见罗忠：《我的战友张思德》，载《求是》2008 年第 16 期；《我与张思德相识的日子里》，载《文史月刊》2004 年 7 月），详实可靠，感人至深。而从国家博物馆保存的一张珍贵的《张思德和战友烧炭》的照片上，很容易就能看出张思德当时烧炭的真实情景，跟烧鸦片一点关系都扯不上。国家博物馆保存的另一件珍贵的文物，是 1966 年陕西省安塞县楼坪公社农民委托进京串联的红卫兵献给毛主席的张思德生前所在的炭窑烧出的炭，以表达对英雄的敬意和对领袖的爱戴。这也说明，在张思德牺牲之后，他所工作过的炭窑还在一直烧炭，这些都是很好的物证。

有人说，读懂了张思德，就读懂了中国共产党。的确如此，张思德用自己的行动和实践诠释了人生意义的全部价值，他的壮烈牺牲更加凸显了共产党人的为民情怀。正如毛泽东在《为人民服务》中所说：“人总是要死的，但死的意义有不同……为人民利益而死，就比泰山还重；替法西斯卖力，替剥削人民和压迫人民的人去死，就比鸿毛还轻。张思德同志是为人民利益而死的，他的死是比泰山还要重的。”正是因为有了千千万万个张思德这样为了人民的利益敢于牺牲自己的人，才有了后人今天幸福的生活。

在历史的深邃天幕上，张思德的身影将永远闪耀！

王　杰

伟大的共产主义战士——王杰

20世纪60年代，在中国人民解放军中有一位几乎与雷锋齐名的人民英雄，被称作“第二个雷锋”。1965年7月14日，在组织民兵进行实爆训练时，炸药包发生意外爆炸，他为保护在场的12名民兵和人武干部，扑向炸点，英勇牺牲！此后，他舍己救人的英雄事迹传遍全国，成为青年人崇拜的偶像；他在日记中写下的一句话“一不怕苦，二不怕死”，被毛泽东主席高度称赞，成为激励一代又一代年轻人奋发成长的精神导向。

他，就是英雄王杰。

雷锋式的战士

1942年10月，王杰出生于山东省金乡县城郊乡华堌村。他的父亲是一位普通农民。因为家里孩子多，养不起，在王杰出生不久，就将他过继给伯父王儒堂，由伯父抚养成人。王杰刚刚懂事时，日本战败投降，共产党领导的八路军在他的家乡建立了人民政权，领导广大贫苦人民打土豪分田地。王杰一家人和当地广大民众一样，从心里感激共产党的恩情。

1949年新中国成立，王杰也进入家乡小学读书。在读书期间，他积极要求进步，于1951年加入中国少年先锋队。1956年，

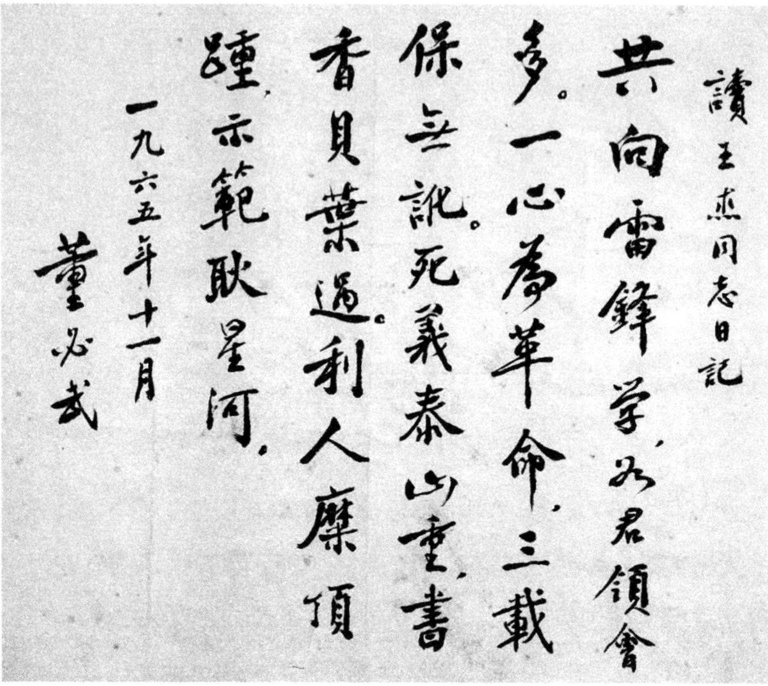

讀王杰同志日記

共向雷鋒學，必君領會多。一心為革命，三載保無訛。死義泰山重，書香貝葉遙。利人靡頂踵，示範耿星河。

一九六五年十一月
董必武

1965 年 11 月，董必武的《读王杰同志日记》题词。

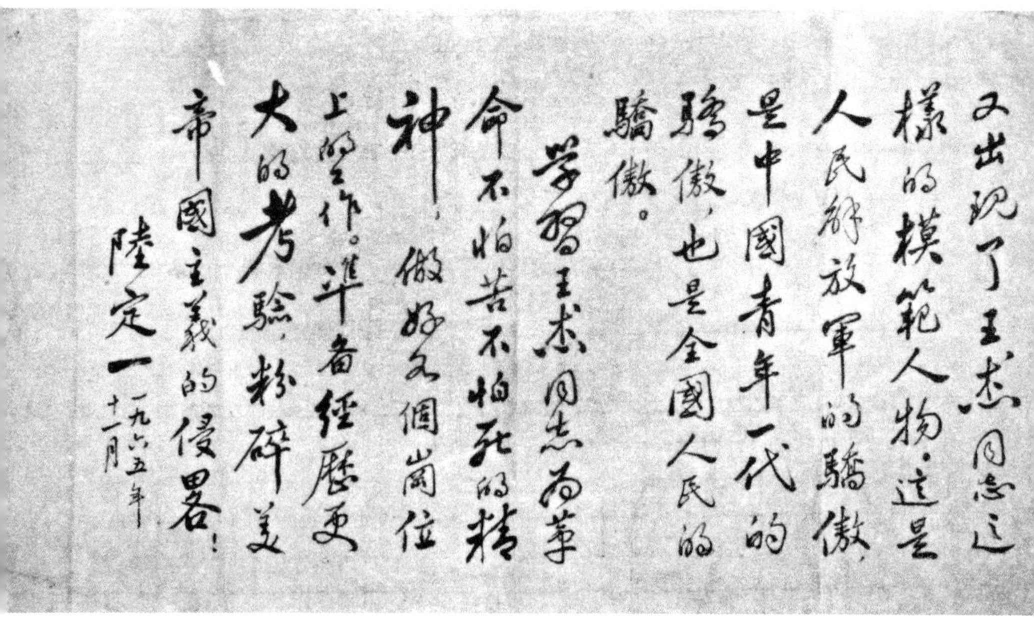

又出現了王杰同志這樣的模範人物，這是人民解放軍的驕傲，是中國青年一代的驕傲，也是全國人民的驕傲。學習王杰同志為革命不怕苦不怕死的精神，做好每個崗位上的工作。準備經歷更大的考驗，粉碎美帝國主義的侵略！

陸定一
一九六五年十一月

1965 年 11 月，陆定一为王杰题词。

王杰考入金乡县第一中学。1958 年，16 岁的王杰随养父迁到东北的阿荣旗那吉屯农场场部定居，在这里继续读中学。据王杰儿时的伙伴和同学回忆，王杰从小就崇拜英雄人物，喜欢听刘胡兰、董存瑞、邱少云的故事，以英雄人物作为自己的榜样。那时，王杰就有一个心愿，就是要参加中国人民解放军，因为他认为他所熟知和崇拜的英雄人物多数是军人，所以自己也要参加解放军，也要在部队里成为一个英雄人物。1961 年 8 月，部队到阿荣旗征兵，王杰立即前去报名。经体检合格，他参加了人民解放军，实现了自己的愿望。

王杰入伍后，被编入济南军区装甲兵某部一连，又回到了自己的家乡山东。他在部队里自觉学习、积极向上，进步很快，于 1962 年 2 月加入中国共产主义青年团。

1962 年 8 月，雷锋因公牺牲，部队很快就开展了向雷锋学习的活动，王杰把有关雷锋事迹的文章和新出版的《雷锋日记》读了一遍又一遍，反复学习。雷锋的英雄事迹深深感动和激励着他，从那时起，他就处处以雷锋为榜样，事事学雷锋。在部队里，王杰学习雷锋的“钉子精神”，热爱学习，只要有一点时间，他就用来读书。他关怀战友，战友有困难，他第一个站出来帮助；有危险任务，他冲在最前面。他学雷锋爱护集体财产，工作中特别注意保护工具和机器。他学雷锋助人为乐，真心实意做好事，帮助困难群众。他学雷锋的奋斗精神，在训练、施工中，总是超额完成任务，是连队的“排头兵”。他甚至还学习雷锋写日记的习惯，把自己的学习感受随时记下来，用以激励自己。

在王杰的日记中有这样一句话：“我们要一不怕苦，二不怕死，做一个大无畏的人。”他也确实是这样做的。冬训中，他带头跳进快要结冰的水里打桩架桥，腿冻僵了仍坚持作业；在沂蒙山

1964 年 5 月，王杰（后左）与战友合影。

施工时，突然暴发的山洪卷走了物资，他第一个奔去抢救；爬险路、钻山洞，他不畏艰险，争当先锋；施工爆破，他总是冒着风险抢先装药、放炮；有时出现哑炮，他争着冲上前去排除……战友们曾评价他说：“哪里有困难，哪里最危险，哪里就有王杰。”

在部队的几年中，王杰年年被评为优秀战士，两次荣立三等功，被评为“模范共青团员”和一级技术能手。

舍己救人

1958年，毛泽东提出“大办民兵师”，全国各地纷纷响应，积极发展民兵组织，并请解放军对各地的民兵进行严格的训练。1965年6月，王杰所在的工兵营来到江苏邳县张楼野营训练。6月底，当地人民武装部领导找到工兵营营长，请求选派教练员帮助训练张楼公社地雷班的民兵。接到这一请求后，营里决定派王杰去当这个教练员，因为王杰已是当时营里的一级技术能手，而且还有着非常丰富的教学经验，派他去再合适不过。王杰接受任务后，非常重视，在教学期间，他每次都要充分准备教学内容，并对训练器材反复检点，保证安全教学。

为期两周的民兵集训任务很快进入尾声，7月14日，王杰给民兵们上最后一堂课，内容是“绊发防步兵应用地雷”实爆训练，这种地雷不加导火索，要求瞬间爆炸达到消灭敌人的目的。因为是实爆训练，具有一定的危险性，所以王杰这天清晨很早就来到训练点做准备，逐一检查了训练器材，并成功进行了两次试爆之后，方才离开。

早饭后，王杰带领当地一个民兵班和地方人武干部共12人来到训练场。他捆好炸药包（注：以炸药包代替地雷进行训练），将

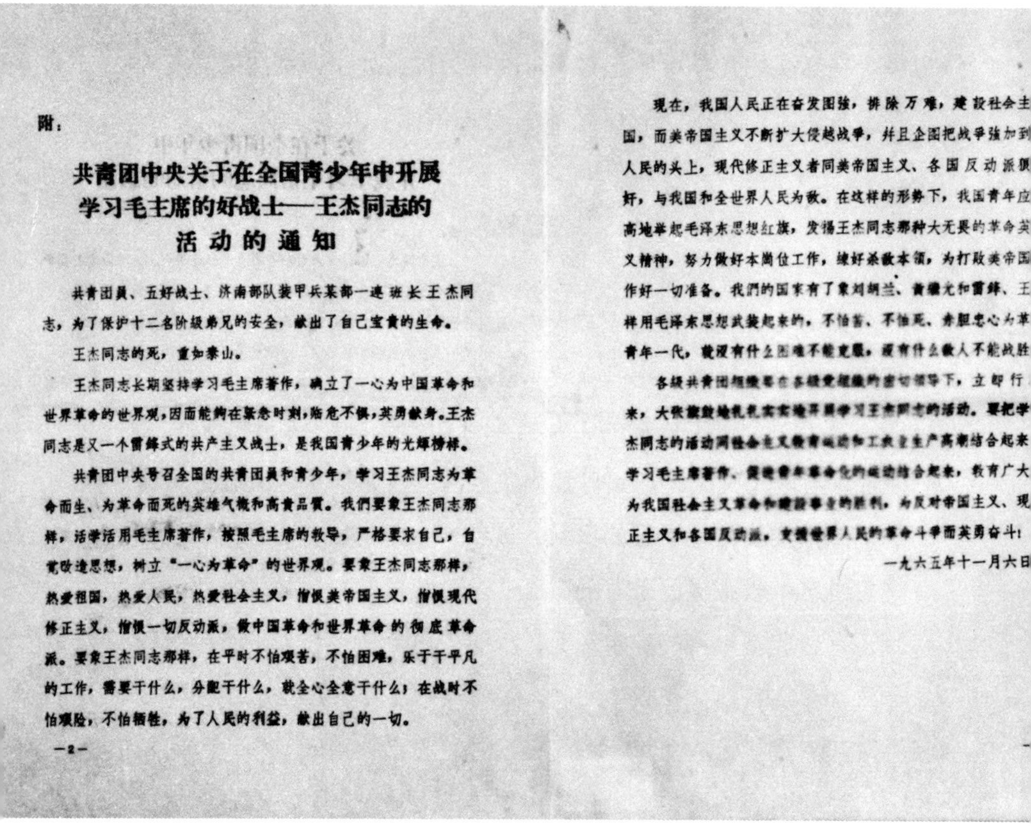

附：

共青团中央关于在全国青少年中开展学习毛主席的好战士——王杰同志的活动的通知

共青团員、五好战士、济南部队裝甲兵某部一連班长王杰同志，为了保护十二名阶級弟兄的安全，献出了自己宝貴的生命。

王杰同志的死，重如泰山。

王杰同志长期坚持学习毛主席著作，确立了一心为中国革命和世界革命的世界观，因而能夠在紧急时刻，临危不惧，英勇献身。王杰同志是又一个雷鋒式的共产主义战士，是我国青少年的光輝榜样。

共青团中央号召全国的共青团員和青少年，学习王杰同志为革命而生、为革命而死的英雄气概和高貴品質。我們要象王杰同志那样，活学活用毛主席著作，按照毛主席的教导，严格要求自己，自覺改造思想，树立"一心为革命"的世界观。要象王杰同志那样，热爱祖国，热爱人民，热爱社会主义，憎恨美帝国主义，憎恨现代修正主义，憎恨一切反动派，做中国革命和世界革命的彻底革命派。要象王杰同志那样，在平时不怕艰苦，不怕困难，乐于干平凡的工作，需要干什么，分配干什么，就全心全意干什么；在战时不怕艰险，不怕牺牲，为了人民的利益，献出自己的一切。

—2—

现在，我国人民正在奋发图強，排除万难，建設社会主国，而美帝国主义不断扩大侵越战争，并且企图把战争強加到人民的头上，现代修正主义者同美帝国主义、各国反动派狼奸，与我国和全世界人民为敌。在这样的形势下，我国青年应高地举起毛泽东思想红旗，发扬王杰同志那种大无畏的革命英义精神，努力做好本岗位工作，練好杀敌本领，为打败美帝国作好一切准备。我們的国家有了象刘胡兰、黄继光和雷鋒、王样用毛泽东思想武装起来的，不怕苦、不怕死、赤胆忠心为革青年一代，就没有什么困难不能克服，没有什么敌人不能战胜

各級共青团组織要在各級党组織的密切領导下，立即行来，大张旗鼓地扎扎实实地开展学习王杰同志的活动。要把学杰同志的活动同社会主义教育运动和工农业生产高潮结合起来学习毛主席著作、促进青年革命化的运动结合起来，教育广大为我国社会主义革命和建設事业的胜利，为反对帝国主义、现正主义和各国反动派，支援世界人民的革命斗争而英勇奋斗！

一九六五年十一月六日

1965 年 11 月 6 日，共青团中央关于在全国青少年中开展学习毛主席的好战士——王杰同志的活动的通知。

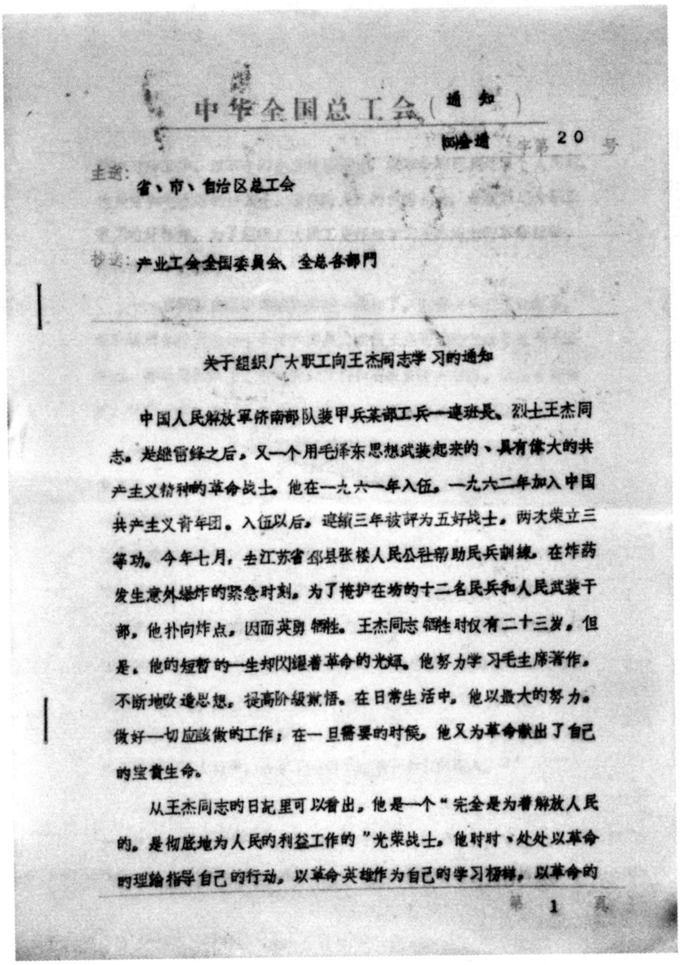

中华全国总工会（通知）

(65)会通字第 20 号

主送：省、市、自治区总工会

抄送：产业工会全国委员会、全总各部門

关于組织广大职工向王杰同志学习的通知

中国人民解放軍济南部队装甲兵某部工兵一連班長、烈士王杰同志，是继雷鋒之后，又一个用毛泽东思想武装起来的、具有偉大的共产主义精神的革命战士。他在一九六一年入伍，一九六二年加入中国共产主义青年团。入伍以后，連續三年被評为五好战士，两次荣立三等功。今年七月，去江苏省邳县张楼人民公社帮助民兵訓練，在炸药发生意外爆炸的紧急时刻，为了掩护在场的十二名民兵和人民武装干部，他扑向炸点，因而英勇牺牲。王杰同志牺牲时仅有二十三岁，但是，他的短暂的一生却閃耀着革命的光輝。他努力学习毛主席著作，不断地改造思想，提高阶級覚悟。在日常生活中，他以最大的努力，做好一切应該做的工作；在一旦需要的时候，他又为革命献出了自己的宝貴生命。

从王杰同志的日記里可以看出，他是一个"完全是为着解放人民的，是彻底地为人民的利益工作的"光荣战士。他时时、处处以革命的理論指导自己的行动，以革命英雄作为自己的学习榜様，以革命的

第 1 頁

1965 年 11 月 7 日，中华全国总工会印发的关于组织广大职工向王杰同志学习的通知。

雷管、拉火管连在一起，把雷管插入炸药包中，然后向大家认真讲解实爆要领。12 个人围成一圈，认真听着他的讲解。然而就在此时，意外发生了：拉火管的拉火装置突然失控，发生自燃，埋炸药包的土层里冒出白烟，火星四溅。在场的其他人没有受过这方面的训练，一瞬间都惊呆了，但有着丰富爆破经验的王杰马上意识到炸药包就要爆炸，他来不及多想，大喊一声："快闪开！"同时他纵身一跃，扑向炸药包，用自己的身体把炸药包完全盖住。这时，"轰"的一声巨响，炸药包爆炸了，年仅 23 岁的王杰，用自己的身体掩护了在场人的安全，壮烈牺牲。

险遭诟病

事后，工兵营立即将王杰牺牲的情况上报到师党委。师党委决定，派师政治部主任刘德一带领调查组到王杰所在的营、连和张楼公社，找当事人了解事情经过，做好王杰的烈士认定和宣传他的事迹的工作。刘德一等人到工兵营和张楼公社实地调查后，了解了当天的情况，被王杰的英勇壮举所感动。

但是，在营党委的讨论会议上，有人对王杰提出质疑。他们认为，拉火管不可能自燃，出现这样的事，可能是有阶级敌人破坏；如果不是阶级敌人破坏，就是王杰个人操作失误。在师党委催促上报材料的情况下，刘德一便把营党委会上的意见综合后上报。师党委据此而作出"因违反操作规定而造成的事故"的结论。这样，王杰不但不能被确认为烈士，而且是唯一的责任人。

王杰生前的战友和当地群众得知消息后，都对师党委的结论强烈不满，纷纷上书要求对事情进行重新调查。师党委于是决定派调查组重新调查，除了重新走访被救的 12 个人，详细了解王杰牺牲之前的讲解和示范情节外，还到王杰生前所在的连队去了解情况，着重了解王杰的成长经历和他的日常表现。战友们纷纷回忆和介绍王杰生前默默做过的许多好事。

此外，调查组在王杰所在连又有了新的发现。原来，战友们在整理王杰遗物时，发现了王杰生前留下的二十多本日记。这些日记是王杰自1963年开始到1965年7月写的，是他最私密的东西，也是他真实思想的记录。刘德一和调查组的同志拿到这些日记后，翻开一看，从其所写的文字中看到了王杰极高的思想觉悟和高尚的道德品质，被这些日记所感动，所激励，被其中闪光的文字所震撼：

> 什么是理想？革命到底就是理想。什么是前途？革命事业就是前途。什么是幸福？为人民服务就是幸福。
>
> 为党的事业忠心耿耿，为革命胜利勇于牺牲。是共产党员哪能不视死如归，做革命军人岂能管个人安危？
>
> 我们要一不怕苦，二不怕死，做一个大无畏的人。
>
> ……

这些文字折射出王杰崇高的思想觉悟和革命理想。王杰在日记中几十次提到黄继光、董存瑞、雷锋等英模的名字，记述这些英模的事迹和品德，并且对照英模，不断寻找自己的差距。

刘德一看完日记后，感动得流下眼泪。有这样高的思想境界的人，才能在生死攸关时刻作出英勇的壮举。这些日记以铁打的事实证明：王杰作为一个真正的英雄，是有其深厚思想基础的。我们不但差一点埋没了英雄，而且差一点冤枉了英雄。

于是，在第二次深入调查之后，刘德一带着王杰的二十多本

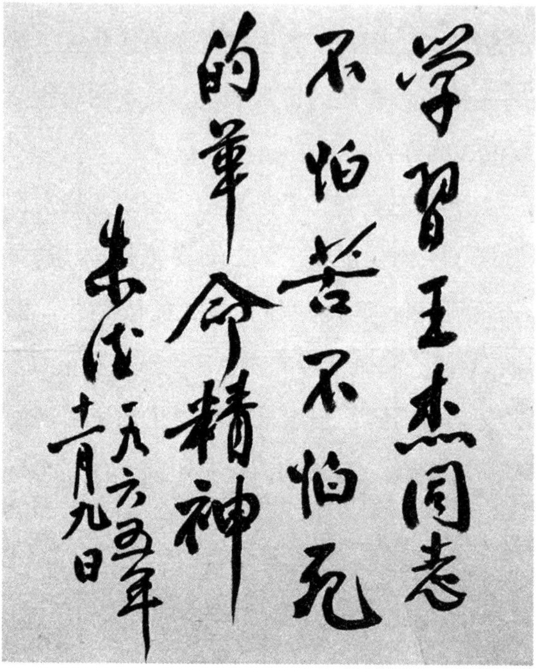

1965 年 11 月 9 日，
朱德为王杰题词。

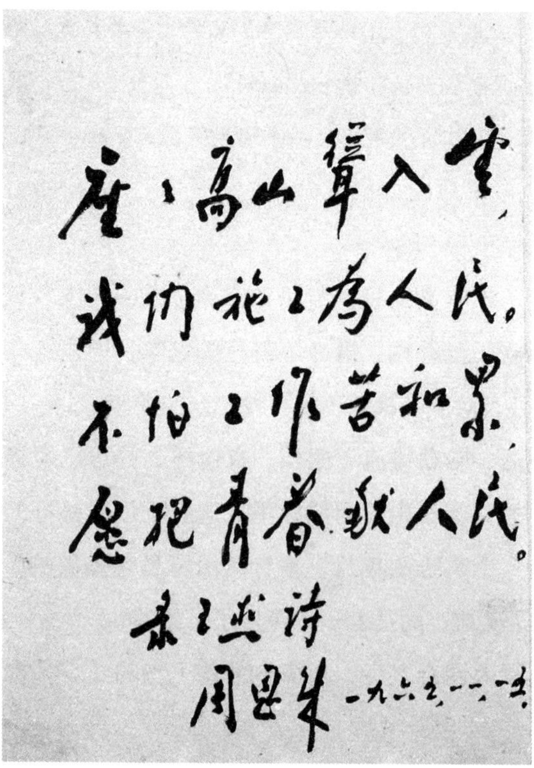

1965 年 11 月 15 日，
周恩来题写的《录
王杰诗》。

日记返回师部，向师党委详细汇报了王杰牺牲当天详细的操作情况，又特别汇报了新了解到的王杰的成长经历及其许许多多的感人事迹。师党委立即向济南军区装甲兵党委报告了新的调查情况和师党委新的意见，并且请求撤回原来的结论材料。

军区装甲兵党委经研究后决定，是英雄还是事故，都必须有准确无误的事实证据。为了彻底还王杰一个清白，军区专门请来了炸药和爆破专家到现场进行鉴定，对王杰所使用的炸药和拉火管进行检测。

专家们非常认真负责，他们不但对实物进行检测，而且找在场的见证人详细了解王杰的操作过程，包括王杰当时所处的位置、王杰操作所演示的每一个步骤等等。他们还在现场找到许多爆炸后的遗留物，进行科学鉴定。最后，专家们作出结论：一、当时所用的拉火管已过期，拉火装置处于失控状态，导致自燃现象的发生；二、在事发地点上，从王杰所处的位置看，在炸药包爆炸前的瞬间，只要他向后仰倒，完全可以躲过爆炸时形成的45度最大杀伤角，保住自己的生命。专家们还指出，拉火管过期，只有火药专家有意识、有针对地进行实物检测时才能发现，作为一般的爆破作业人员，是很难发现的。最终，经过专家的鉴定，不仅从根本上推翻了所谓“王杰操作失当”“违反操作规定”的说法，而且通过无可辩驳的事实证明了，王杰是为了救别人而不惜牺牲自己的真正的英雄。

专家的鉴定结论一出来，一切都十分清楚了。师党委于是再次开会，将王杰确认为革命烈士，并追认他为中共正式党员。同时，决定由师党委主持召开王杰追悼大会。

精神永存

1965年9月6日，师党委为王杰烈士举行了隆重的追悼大会，军委装甲兵、济南军区、徐州军分区等部队官兵和江苏、徐州、邳县、金乡县等地的领导干部7000余人前来参加追悼大会，无不为王杰的事迹而感动得流下热泪。追悼会上，许光达和黄志勇为王杰敬献了挽联："毫不利己实一心服务人民，临危不惧真人民英雄本色。"

1965年11月4日，王杰生前所在的营重新为王杰举行追悼大会，宣布了上级认定王杰为英雄、追认为中国共产党正式党员的决定。

此后，解放军总政治部、全国总工会、共青团中央分别发出通知，号召向王杰同志学习。全国很快就形成宣传王杰、学习王杰的热潮。

王杰的事迹和他的日记传到中央后，引起了党和国家领导人的关注和赞扬。毛泽东、周恩来、朱德、邓小平、董必武、陆定一等人发表讲话或题词，高度评价了王杰的"一不怕苦，二不怕死"的精神。朱德为王杰题词："学习王杰同志不怕苦不怕死的革命精神。"周恩来为王杰题词"一定要学习王杰同志一不怕苦、二不怕死的革命精神"，并亲笔抄写王杰日记中的一首诗"座座高山耸入云，我们施工为人民。不怕工作苦和累，愿把青春献人民"。1965年11月27日，国防部命名王杰同志生前所在班为"王杰班"。1968年，王杰家乡人民为纪念他，将他的出生地华堌村更名为"王杰村"，并在村东建王杰烈士纪念馆，让子孙后代都铭记烈士的英雄事迹。

王杰的英雄事迹感动了一代中国人，向王杰学习成为那时人

王杰生前所在的部队，装甲兵某部干部战士正在进行严格的军事训练，掀起向英雄王杰学习的高潮。

们自觉提高自己觉悟和品德的一种精神取向和价值标准。1966年，有关部门在王杰牺牲所在地建成了王杰烈士陵园。几十年来，到这里来凭吊的人数有120多万，人们在近400本留言簿上写下了对他的崇敬与思念，写下了向他学习的决心。现在，每年清明节都有很多人前来扫墓。

英雄的王杰已逝，但英雄的精神永存。

在王杰烈士墓前，经常可以见到一位满头华发、戴着墨镜的老人，向前来祭扫的青少年或游客讲述王杰的故事。他就是当年王杰用生命掩护下来的12名民兵之一、“王杰民兵班”的班长李彦清。当年，英雄王杰以血肉之躯挽救了他和战友们的生命。八年后在一次地雷实爆中，李彦清以同样的方式挽救了别人，自己被炸瞎双眼，被人称为“活着的王杰”。失去光明的日子里，李彦清战胜了常人难以想象的困难，探索出一种独特的盲写方法，写下了100多万字的调查报告、通讯报道、日记等，许多作品获奖。他拖着伤残之躯，为集体和父老乡亲做了数不清的好事；他先后在王杰烈士陵园和学校、部队、机关、企业作报告2000多场，受教育者达160多万人次。他用自己的实际行动，让王杰精神代代相传。

后 记

2015 年 9 月 2 日，习近平总书记在向中国抗战老兵和支持中国抗战的国际友人或其遗属代表颁发中国人民抗日战争胜利 70 周年纪念章的仪式上特别强调说，一个有希望的民族不能没有英雄，一个有前途的国家不能没有先锋。包括抗战英雄在内的一切民族英雄，都是中华民族的脊梁，他们的事迹和精神都是激励我们前行的强大力量。

天下艰难际，时势造英雄。

近代以来，在多灾多难的中国大地上，在任人宰割的百年屈辱中，无数仁人志士勇赴国难，抛头颅、洒热血，前仆后继，英勇牺牲……他们中有董存瑞、黄继光式的战斗英雄，有刘胡兰、江姐等英勇就义的英雄，有白求恩式鞠躬尽瘁、死而后已的英雄，有张思德、雷锋等“为人民服务”的英雄。他们牺牲的方式各有不同，但都有一个共同的意义归宿，即“为人民而死”。

英雄是民族的脊梁，英雄是民族的希望。没有英雄的民族，是可怜的；涌现了英雄，而不知爱戴和崇仰，是愚蠢的；向英雄泼脏水，调侃英雄，更是失道德、少良知的行为。守卫英雄，是每个正直公民的历史责任。

作为一名共产党员，作为一名国家博物馆的文化工作者，宣传英雄，弘扬正义，责无旁贷。

于是有了这本小书。

从无数的英雄群体中选择有限的英雄人物来书写，主要基于以下两个方面的考虑：一是有些英雄人物，如黄继光、邱少云、刘胡兰、狼牙山五壮士、雷锋等，是我们耳熟能详的、一直学习膜拜的榜样，但非常遗憾的是，如今在网络上及各种媒体上，对于这些英雄的诋毁、亵渎甚至侮辱之声时有发生，此起彼伏，有必要对这些不负责任甚至别有用心的言论予以回击；二是有些英雄如向警予、柯棣华、八女投江、平型关大战突击连、刘老庄八十二勇士等，他们的英雄事迹，很多都不为人所熟知，有必要广为宣传。

非常难得和庆幸的是，在国家博物馆中，保存有大量英雄人物的珍贵实物和图片影像，以及与英雄人物有关的当事人、亲历者、目击者的口述资料或回忆记录，这些文物、影像及第一手的档案资料，是见证英雄事迹、重塑英雄形象的最好物证，也最具说服力和可信度。于是，笔者将这些宝贵的资料整理一番，缀述成书，希望能尽一点绵薄之力，缅怀英雄；也希望有更多的人能够了解英雄事迹，以虔敬之心去爱戴、崇尚英雄，传承精神，弘扬道德。

当然，由于本人的能力和智识所限，书中难免有纰漏和错误之处，随着工作学习的不断深入，笔者一定会努力去修正其中的不足。而且，如果有机会，笔者还会继续搜集更多英雄人物的有关文物和档案资料，不断完善和充实这本书。

最后，要特别感谢馆里和部门的领导及同事们，在我写作的过程中提供了大量的指导和帮助；还要感谢山西出版传媒集团、山西教育出版社的孙轶老师和她的团队，把这本弘扬正能量的小书做得如此严谨和精致！我想，在这个过程中，大家共同为英雄、为民族做了一件有意义的事情。

2016 年秋

北京国家博物馆